湛庐 CHEERS

与最聪明的人共同进化

HERE COMES EVERYBODY

CHEERS
湛庐

魏斯曼的演讲大师课

IN THE LINE OF FIRE 3E

答的艺术

（第3版）

[美]
杰瑞·魏斯曼
JERRY WEISSMAN
著

徐烨华
译

浙江教育出版社·杭州

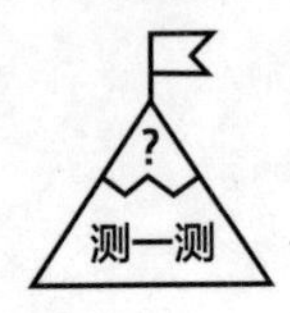

在演讲中如何应对提问?

扫码加入书架
领取阅读激励

扫码获取全部测试题及答案，一起在演讲的问答环节抢占先机

- 如果你演讲时遇到尖锐的提问，正确的应对方式是（单选题）:

  A. 避而不答

  B. 激烈反击

  C. 真诚作答

  D. 说谎应付

- 在倾听观众的问题时，你需要避免（单选题）:

  A. 眼神在整个会场来回扫射

  B. 身体稳稳站住

  C. 点头

  D. 说“嗯”

- 在使用缓冲这个技巧问答问题时，你需要避免的开头方式是（单选题）:

  A. “你的意思是不是在说……?”

  B. “关于如何……。”

  C. “你的问题是……。”

  D. “我对该问题的理解是……。”

扫描左侧二维码查看本书更多测试题

JERRY WEISSMAN

杰瑞·魏斯曼

享誉世界的商务沟通大师

- 享誉世界的商务沟通大师，全球领先的演讲教练，知名演讲培训公司 SUASIVE 创始人。
- 全球企业成功上市的幕后推手，被《福布斯》杂志誉为“通财者”和“奇迹魔法师”。
- 系列著作被全球知名企业管理者和销售经理奉为宝典，也被《财富》杂志评为“商业必读书”。

1

知名演讲培训公司 SUASIVE 创始人

Jerry Weissman

魏斯曼的职业生涯始于美国哥伦比亚广播公司（CBS）纽约电视台，他作为公共事务和新闻节目的制片人兼导演，在那里掌握了每一个演讲细节的技巧：清晰而有说服力的内容、精心设计的图表、自然的表达，以及回答提问的艺术。

1988 年，魏斯曼将这些技巧带到硅谷。很快，他就把自己打造成硅谷 CEO（首席执行官）们 IPO（首次公开募股）路演的教练，教他们从投资者的角度讲述自己的商业故事并以此帮助这些 CEO 们为他们的公司筹集了数千亿美元。积累了一批优秀的 IPO 客户后，他很快将重点扩大到指导上市公司和私人控股公司准备和发表各种类型的商业演讲。同年，他创立了自己的公司 Power Presentations（权威演讲），使命是创造有说服力的演讲并产生影响。为了对这一使命进行强化，2018 年，他将公司重新命名为“Suasive”。

魏斯曼最早指导的公司是思科（Cisco），当时这家年轻的硅谷网络技术公司准备进行IPO。思科团队每天要做好几次同样的路演，但效果并不显著，因为时任CEO的约翰·莫里奇（John Morgridge）在演讲时只专注于讲述数据资料而不注重演讲方式和技巧。由于思科的创新网络技术非常复杂，他很难向这些不懂技术的投资者阐述，因此魏斯曼为他编写了一套对潜在投资者来说浅显易懂而有意义的内容，并指导他以镇静、自信和热情的方式来演讲。

思科最初预计的股价是每股13.5～15.5美元，但经过魏斯曼的帮助，路演期间公司受到热烈欢迎，最终以每股18美元的单价售出280万股。时任思科董事会主席的唐·瓦伦丁（Don Valentine）将至少2～3美元的增长归功于魏斯曼的指导。

2016年，云通信平台服务公司特利欧（Twilio）的创始人、CEO兼董事长杰夫劳森也曾表示，他们能在路演中展现出公司的吸引力，魏斯曼的培训功不可没。

如今，魏斯曼已经指导过600多家准备IPO路演的公司高管团队，包括直觉软件（Intuitsoft）、亿贝（eBay）、奈飞（Netflix）、雅虎（Yahoo）、杜比实验室（Dolby）、铃盛（RingCentral）、特利欧、特鲁利亚（Trulia）、拓蓝（Talend）、无比视（MobileEye）、祖睿（Zuora）等，他帮助这些公司以清晰、自信和最大限度的说服力发表具有高风险的演讲。同时，他的演讲技巧也帮助微软、英特尔、奥多比（Adobe）、爱立信、益博睿（Experian）等公司的经理、销售员、工程师和财务主管售卖他们的产品或服务、发起合作伙伴关系、寻求项目批准或筹集资金。

2 全球商业领袖信赖的演讲教练

3

《财富》“商业必读书”作者

除了指导公司准备 IPO，魏斯曼在写作方面的成就更是卓越，他的多部著作已被译成 11 种语言出版，被全球知名企业的管理者和销售经理奉为宝典，也被《财富》杂志评为“商业必读书”。

魏斯曼认为，每个人一生中总有某个时刻，会不得不做一次具有高风险的演讲或者做重要的发言。演讲的目的和作用与开会、交谈、通话、面试等其他人际沟通方式一样，对普通人的职业生涯也会产生影响。魏斯曼将演讲技巧与科学、艺术、音乐、文学和体育结合在一起，形成了一套全面的方法论。随着时间的推移，在不同地域、文化条件下这套方法都取得了成功。人们可以掌握并运用这套方法来使自己成为一名有实力的演讲者。

思科副总裁休·博斯特罗姆（Sue Bostrom）曾说，魏斯曼的书不可不读，它提供了一套最基本的技巧，不管你面对多难的问题，都可以做好反客为主的准备。魏斯曼所著关于内容演示和公众演讲的书籍：《魏斯曼的演讲大师课：说的艺术》《魏斯曼的演讲大师课：答的艺术》《魏斯曼的演讲大师课：臻于完美的演讲》《说服：全球顶尖企业的商务沟通之道》《对答如流：如何回答棘手问题》等均在中国出版，广受读者喜爱。

前 言

当演讲中遭遇尖锐问题

> 我喜欢这份职业中所体现出的紧迫感。我喜欢其中的战斗和争论！
>
> ——迈克·华莱士（Mike Wallace）

20 世纪 60 年代末，我从斯坦福大学毕业并回到故乡纽约。彼时的我，腋下紧紧夹着刚刚获得的演讲与戏剧影视学院硕士学位证书，满心准备在传媒界干一番事业。我十分幸运地找到了一份相关工作，在哥伦比亚广播公司（CBS）设在纽约的旗舰电视台 WCBS-TV 担任助理制片人。我曾以亚里士多德、莎士比亚和费德里科·费里尼（Federico Fellini）为学习和研究对象，并打算在工作中效仿他们。然而，不久后我便发现这是行不通的，因为我的实际工作与他们的不同，我的工作以调研和后勤为主。我每晚都要加班加点地阅读成堆的报告，花费数小时去筛查档案材料、观看新电影和录像带；白天则要花很长时间去采访很多人，勘察拍摄地点，安排摄影组、设备设施和记者。

迈克·华莱士虽与我同时入职哥伦比亚广播公司，但他的职业道路和我的大相径庭。他在来到哥伦比亚广播公司前就因主持纽约第五频道（New York's WABD Channel 5）的晚间采访节目《夜击》（*Night Beat*），并经常在节目中对嘉宾无情地审问而成名。彼时，因为哥伦比亚广播公司尚未推出《60 分钟》（*60 Minutes*）节目，所以节目制作方明显打算进一步利用华莱士在《夜击》节目中所获得的成功来提高收视率。于是，哥伦比亚广播公司将他挖来担任新闻部门的正式记者，并让他继续扮演"大审问者"的角色。

那时候，我们都在位于曼哈顿西 57 街的哥伦比亚广播公司广播中心工作。华莱士的办公室在富丽堂皇的一楼，而我的办公室藏在三楼背面不起眼的地方，窗口正对着一家汽车经销商的后墙。只有在哥伦比亚广播公司同意将华莱士这位新星下借给我们部门为《看纽约》（*Eye on New York*）系列纪录片做一天报道时，我才有机会时不时地见到他。

彼时，我们都将华莱士称为"天才人物"。我主要负责针对正在拍摄的故事为他提供背景信息，安排采访问题。每当穿着博柏利风衣的华莱士兴冲冲地来到我们的拍摄现场后，做的第一件事总是向我要问题清单。多数时候，他都会在扫视完问题清单后抬起头来，瞪着我说："杰瑞，这些问题糟透了！"

不久之后，哥伦比亚广播公司推出了一个节目——《60 分钟》。在接下来的 37 年里，华莱士不断打磨着自己的采访技巧，名气也随之越来越大。哥伦比亚广播公司甚至制作了一部回顾集锦，来颂扬这位"凭借毫不客气的采访风格让《60 分钟》成为观众必看节目的传奇般的新闻记者"。哥伦比亚广播公司将这部纪录片命名为《迈克·华莱士在此》（*Mike Wallace Is*

Here)，并声称该片名能够“让黑心的商人和腐败的政客感到恐慌”。事实上，华莱士还让许多既不黑心也不腐败的人感到过恐慌，其中包括艺人、国家元首、记者同行，也包括我。

幸运的是，通过不断打磨问题清单，我挺过了华莱士给我的考验。一路走来，我同样学会了如何应对各种各样的问题。最终，我换了阵营，创办了自己的公司，旨在为那些和你一样经常接受观众考验的商界人士提供帮助。

我于 1988 年创办了 Power Presentations 公司。为了帮助人们更好地呈现更具说服力、更有效果的演讲，我于 2018 年将公司更名为 Suasive。如今，我将这些历经 30 多年实战检验的技巧和经验纳入本书提供给你，助你在火线上站稳脚跟，直至大获全胜。

中文版序

魏斯曼的演讲大师课四部曲

十多年前，“魏斯曼的演讲大师课”系列书的中文版出版，湛庐曾邀请我前来北京，参与宣传工作。那是我第一次来到中国，很遗憾也是目前唯一的一次。那是一段难忘的旅程。我感受到了北京这座城市的繁华，也很高兴能和湛庐优秀的员工合作。这套书能得到重新翻译与再版，我倍感荣幸和开心。

与第一版相比，这一系列图书在再版时所遵循的基本原则没有改变，但我们对案例进行了调整，删除了一些政界案例。新版中的大部分案例都来自商界。这种调整基于两方面的考虑。一方面，读者需要具有针对性和实操性的内容。他们在理解政界案例时通常存在一定的地域限制，而商界案例的适用范围更广。另一方面，随着科技、交通和贸易的发展，距离的限制被打破，跨文化和跨国境的沟通越来越有挑战性。

这套书将为读者呈现高效演讲所需的各种核心技巧。这些技巧相互交织，你中有我，我中有你。比如，有些演讲者能够简明扼要、条理清楚且精彩生动地讲述自己的故事，却因为“夺命 PPT”而功亏一篑。有些演讲者能够生动地讲述自己的故事，也能通过简洁的 PPT 来助自己一臂之力，但在演讲过程中表现得紧张焦虑，最终也功亏一篑。有些演讲者能够生动地讲述自己的故事，也能通过简洁的 PPT 来助自己一臂之力，而且在演讲过程中沉着冷静、自信洋溢，但等到提问环节，面对棘手的问题处理不当，他们最终还是会功亏一篑。

本次再版的“魏斯曼的演讲大师课”系列书共有 4 本，将在以下关键技巧领域带给读者帮助：

- 《魏斯曼的演讲大师课①：说的艺术（第 3 版）》将帮助大家逐步打造精彩的演讲内容，树立合适的 PPT 展示风格。
- 《魏斯曼的演讲大师课②：答的艺术（第 3 版）》提供了 4 个步骤，帮助大家应对各种问题。这 4 个步骤分别是在开放发言权时积极倾听、用缓冲重掌发言权、回答问题以及提供额外价值。这 4 步构成了一个闭环。
- 《魏斯曼的演讲大师课 3：臻于完美的演讲》一书提供了 65 个案例，向读者展示所有演讲技巧的实战情况。本书有一个章节针对多种特殊情况进行了专门的探讨，例如小组讨论、演讲节奏、发音清晰度和口音等。
- 《魏斯曼的演讲大师课 4》聚焦演讲中最重要的事，将帮助大家缓解焦虑，通过 3 种简单的方法来加强与观众之间的交流，改善自己的肢体语言和声音。

这一系列图书已经被翻译成多国语言出版，比如西班牙语、葡萄牙语、日语、韩语、俄语、瑞典语、波兰语和克罗地亚语，这让我颇为自豪。书中展现的演讲技巧可能会颠覆人们的既有观点，这是因为大家可能已经在潜移默化中接受了传统的演讲创作方法，就连刚刚进入商界的新人也不例外。这种传统方法可以追溯到 20 世纪初期，也就是演讲的“黑暗时期”。

当时，公司一些同事会围在摇晃的画架旁，使用画架上夹着的大白板纸来交流看法。在这种情况下，大白板纸成了人们关注的焦点，所有参与者都能够看到纸上记录的内容，分享自己的观点。大白板纸承担了记录观点的功能，上面的内容可以被整理出来分发给未能参与会议的人。以前使用黑板讨论问题时，大家在黑板上书写的内容会时不时被擦去。相比之下，大白板纸的应用算是一项明显的进步，这种纸因此很快成为商界人士首选的展示媒介。在早期，大白板纸主要发挥两种功能：人们可以在开会时使用大白板纸作为演示文稿来展示讨论内容，还可以在会议结束后将纸上的记录作为文档来复制和分发讨论内容。这种做法被称为“一物多用”，也就是“让一种媒介发挥多种功能”。

这完全是一种错误的做法。一物多用实质上是肯定了“鱼与熊掌能兼得”，可实际上这种做法只会导致演讲变得四不像。演示文稿不是文档。文稿是在演讲过程中给观众看的，而文档是在演讲之后给观众读的。

要提高效率，首先必须清楚划分演示文稿和文档这两种功能。这个观点源于我在纽约哥伦比亚广播公司十多年的电影制作和导演的经历。在哥伦比亚广播公司，负责讲故事的是主持人，而非美工。可在其他新闻公司制作的影片中，主持人的图像旁往往环绕着各种形式的文字和数字，这些文字和数字甚至会喧宾夺主。

为了能进一步贯彻划分演示文稿和文档的做法，我对其进行了溯源：

- 故事：2 000 多年前，亚里士多德在其著作《修辞学》中清晰地阐述了说服的方法论。在如今这个快节奏的社会里，数字沟通大行其道，亚里士多德的演讲原则常常被人们忽视。我将这些原则又搬了出来，并把它们放在了核心位置上。
- PPT 设计：很早以前，电影摄影师就开始使用图像来调动观众们的情绪和反应。商界人士不需要学习如何制作电影，但可以在设计 PPT 时借用电影拍摄的基本技巧，了解如何来调动观众的情绪。
- 演讲技巧：说服技巧建立在对话技巧之上，我们可以再将它扩大应用到个人对群体的交流中。使用这种方法不仅可以让演讲者侃侃而谈，也更能让观众产生共鸣。
- 问与答：在电视节目中，记者会通过尖锐的问题制造冲突，提升节目效果。在演讲中，观众也会提出一些尖锐的问题，这是因为他们想确保响应演讲者号召的做法是正确的。这就像顾客在购买产品或服务之前也会提出自己的疑问。了解问题的架构和产生的逻辑之后，演讲者就能懂得如何有效地回答和应对了。

以上都是 Suasive 演讲培训课程的内容。30 多年前，我在硅谷推出了这项课程。这些年来，我已经指导过 600 余场 IPO 路演和数千场其他类型的演讲。这些演讲有些是为了融资，有些是为了发布产品、建立合作，还有些是为了筹募用于慈善事业的资金。

本系列的 4 本书都立足于 Suasive 方法论、我指导过的公司的案例，以及我对现代商业演讲的研究。尽管我的演讲技巧与商界的传统方法存在天壤之别，但它们的优越性早已得到证实。

接下来，让我通过磐石基金（Pantheon Ventures）的案例向大家展示我的演讲技巧的效果。磐石基金是一家私募股权投资公司，公司中一位和客户直接打交道的专业投资人员参加了我的 Suasive 培训课程。课程结束的第二天，她带着自己学到的新技巧飞往芝加哥，参加她所在的公司与某公共养老基金组织共同举办的会议。她的演讲大获成功，她筹得了 1.6 亿美元！

我衷心希望读者能从本系列书中学习演讲的技巧，掌握说的艺术，用演讲制胜。

序言

用“Suasive 法”，让演讲更有说服力

> 过往皆为序章。
>
> ——《暴风雨》

本书所属的四部曲中还包括：《魏斯曼的演讲大师课①：说的艺术（第3版）》[①]和《魏斯曼的演讲大师课4》[②]。这四本书囊括了任何演讲中所需的全部基础技能。看过这两本书的读者一定不会对“听众共鸣”（Audience Advocacy®）这一概念感到陌生。该概念指出，相较于自己的利益，演讲者必须同样重视，甚至更加重视观众的利益。这一观点适用于任何演讲的所有基本要素：

- 切勿长篇大论地罗列自己想要表达的内容，而应保证每一步的讲述都简洁清晰，且对观众有意义。
- 切勿将 PPT 设计成单独的讲义，而应确保每张

---

① 该书中文简体字版已由湛庐引进，浙江教育出版社于2024年出版。——编者注

② 该书中文简体字版已由湛庐引进，浙江教育出版社于2023年出版。——编者注

PPT 都旨在为观众讲述故事。

- 演讲者在讲述故事时，切不可屈服于对公开演讲的恐惧，而应向观众展示出自信。
- 本书的重点在于演讲者应当如何应对尖锐问题，切勿像有的政治家那样顾左右而言他，每位演讲者都必须正面回答观众所提出的每一个问题，并使观众满意。

在本书的前两个版本中，我介绍了用于应对尖锐问题的“Suasive 法”，并分别以 2000 年和 2008 年的美国总统竞选辩论为例进行说明。在这一版本中，我以一套来自商界的全新案例取代了之前的政界案例。我有着数千次辅导首次公开募股（IPO）路演和私人融资活动的经历，这一版本中的案例多数源于此。这一版本中还囊括了许多新案例，这些案例重点讲述了首席执行官在其他类型的问答环节中表现如何，例如行业会议、媒体采访和季度财报电话会议等。将此类案例纳入这一版本的原因很简单，即这些案例都是公开的，研究起来十分方便。但我可以向你保证的是，从企业资深副总裁到刚入职的实习生，每位商界人士都会像首席执行官那样，遇到同样的互动场景，并需要以同样的技巧来应对尖锐问题。这一版本对“Suasive 法”进行了精简，并加入了一些新的内容，但基本概念与前两个版本中的并无二致。这也证明了“Suasive 法”的适用性能够经受得住时间的考验。

本书保留了三个来自政界的案例：“伟大的沟通者”里根，肯尼迪和尼克松之间的有着重大历史意义的美国总统竞选辩论，以及 1992 年美国总统竞选辩论中的关键时刻。在后两个案例中，选举结果出现了戏剧性的转折。这无疑生动地表明了，候选人如何在重大场合中应对尖锐问题，将直接影响他们当下的成败和最终的命运。

虽然政治舞台因其自身的规则和特殊性而有别于大多数其他领域，但无论是在商界、科学界、学术界，还是在政府机构、慈善事业、工作面试、人际关系中，人们如何应对每一次具有挑战性的沟通，都将会对自身当下以及最终的命运产生影响。我之所以罗列如此广泛的领域，是为了让你能够更加深入地理解人类沟通的普遍模式。

美国一些知名企业的会议室，以及全球一些热门初创企业的会议室里，都有过我辅导培训的身影。我与来自纽约、伦敦、巴黎、米兰、班加罗尔、耶路撒冷、北京和新加坡市等地的600多家企业合作过，帮助这些企业的高管团队为IPO路演做准备。这些企业包括思科（Cisco）、财捷集团（Intuit）、杜比实验室（Dolby Labs）、eBay、奈飞（Netflix）、雅虎、RingCentral、Twilio、Trulia、拓蓝（Talend）、Mobileye、祖睿（Zuora）、Freshworks、搜诺思（Sonos）和Lyft等。我还向数以千计的各级管理人员提供过相同的演讲技巧，因为他们在筹集私人资本、推出新产品、提高销售配额、发布新闻稿、建立伙伴关系、申请增加员工人数或争取预算时也不得不面对尖锐问题。

通过阅读本书，你可以学习和运用这些技巧，从而将说服力和表达力提升到前所未有的水平。

目　录

IN THE LINE OF FIRE

HOW TO HANDLE TOUGH QUESTIONS...
WHEN IT COUNTS

第 1 章

充满高风险的问答

“生存还是毁灭，这是一个值得考虑的问题。”

——《哈姆雷特》

一场价值数亿美元的商业演讲

当企业首次向公众发行股票时，企业的高管团队会制订计划、举行 IPO 路演活动。本书将在下一章讲述更多相关内容。在此我想要强调的是，在为数不多的高风险事件之中，此类演讲的风险等级几乎处于顶端。企业上市的目的是要在股票市场上筹集数亿美元，有时甚至是数十亿美元的资金。尽管投资者只能购买股票总发行量的 10%，但这可能意味着数千万甚至数亿美元的资金投入，而所有这些都取决于投资者如何看待路演及其必要的问答环节。

三所知名大学的商学院共同开展了一项具有启发性的学术研究——《感知与价格：以 IPO 路演中 CEO 演讲为例》(Perceptions and Price: Evidence from CEO Presentations at IPO Roadshows)，旨在研究“投资者对企业管理团队的看法将如何影响企业的估值”。

《华尔街日报》报道了该研究，并在文章中直言：

> 该研究发现，投资者对首席执行官的看法是预测 IPO 价格的一个强有力因素。如果投资者对首席执行官的看法评级提高 5%，那么企业的 IPO 价格就会比仅基于基本面的预期价格高出约 11%。

一次逆转大选结果的辩论

正如人们能够依靠投资者的看法在商界预测价格一样，人们同样能够依靠政界人士的看法在政界预测政治成败，尤其是美国总统候选人在总统竞选辩论这类高风险事件中的成败。

在 1960 年的美国总统选举中，马萨诸塞州参议员肯尼迪向时任副总统的尼克松发起挑战。作为一名实际上的在位者，尼克松在当年整个夏天的民意调查中一直以微弱的优势保持着领先。随后，在当年的 9 月 26 日这个决定性的夜晚，两位总统候选人在位于芝加哥的哥伦比亚广播公司附属电视台 WBBM-TV 的演播室里会面，并进行了有史以来第一次以电视直播方式举行的总统竞选辩论（见图 1–1）。

在辩论中，肯尼迪向尼克松问道：

> 尼克松先生来自美国共和党，并由共和党提名。而事实上，在过去 25 年的大部分时间里，共和党的领导层一直反对联邦政府对教育、老年人的医疗护理、田纳西河谷开发以及自然资源开发提供援助。

图 1-1　肯尼迪和尼克松在辩论

当肯尼迪说完，来自哥伦比亚广播公司的现场记者斯图尔特・诺文斯（Stuart Novins）要求尼克松对肯尼迪的说法给出回应：

尼克松先生，对于上述说法，您有什么想说的吗？

尼克松没有对肯尼迪的说法表示任何质疑或反驳，只回答：

我没有什么想说的。

诺文斯又问了尼克松一个问题：

您能否详述，在过去8年中，政府采纳了哪些由您提出的重大建议？

尼克松回答：

想要在八……呃……两分半的时间内讲完是相当困难的，不过简单提一下当然可以。首先，我每次出国访问回来后提出的建议都被政府采纳了。例如，我在第一次出国……呃……出国访问回来后强烈建议增加交流项目，尤其是与劳工领域和信息领域的领导者交流相关的项目。

尼克松漫无边际、时常停顿、含混不清的回答，以及他紧张的表现与肯尼迪镇定自若的气质形成了惊人差异。这很快就成为政治分析家和记者密切关注的对象。[①] 最广为人知的参考依据是，在总统竞选辩论之后的民意调查中，通过电视收看辩论直播的受访者均认为肯尼迪会获胜。肯尼迪在此次辩论中迎来了逆转，并在选举日赢得了大选。

一个毁掉职业生涯的声明

2010 年 4 月 20 日，墨西哥湾的一个海上石油钻井平台发生爆炸，这场爆炸导致 11 人死亡，并造成了严重的环境破坏。该钻井平台由跨国石油和天然气公司——英国石油公司运营。悲剧发生后，该公司的首席执行官托尼·海沃德（Tony Hayward）被媒体问及想对路易斯安那州的民众说些什么。他回答：

此次灾难给他们的生活带来了巨大的损害，我们对此感到十分抱歉。没有人比我更希望这一切尽早结束，我希望我的生活能重回正轨。

---

① 针对两位候选人演讲风格的全面分析和讨论，可参阅《魏斯曼的演讲大师课 4》。

海沃德自私自利的声明立即传遍了全球，他也成为传媒界、商界和政界的众矢之的。时任美国总统的奥巴马对此也感到极为愤怒：

我不会让发表这种声明的员工继续为我工作。

3 个月后，英国石油公司解雇了海沃德。

很少有人需要应对石油泄漏这类巨大灾难，也很少有人需要为竞选总统、IPO 路演做准备，但反过来讲，同样很少有人终其一生从未遇到受人质疑、与人对峙的情形。少数幸运儿也许迄今为止只被问过一些无关痛痒的问题，或许你正是其中之一。不过我敢向你保证，这种情况不会一直持续下去。

为了使本书更有意义，书中的案例中只囊括一些尖锐问题。如果你需要回答的问题只有“我在哪里签名”，那你不如放下本书，去换本悬疑小说来读。

凡事预则立，不预则废。

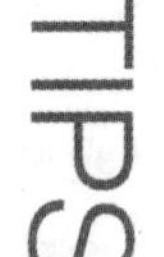

魏斯曼
完美演讲

很少有人需要应对一场价值数亿美元的商业演讲，或者一次总统选举辩论会，又或者需要发表一个影响职业生涯的声明，但同时也很少有人终其一生从未遇到受人质疑、与人对峙的情形。

IN THE LINE OF FIRE

HOW TO HANDLE TOUGH QUESTIONS... WHEN IT COUNTS

第 2 章

正视尖锐问题

直面博人眼球的尖锐问题

20 世纪 60 年代，美国社会动荡不安，爆发了反主流文化运动。当时，哈佛大学心理学教授蒂莫西·利里（Timothy Leary）提出了“激发热情、向内探索、脱离体制”的口号，并用该口号鼓励他的追随者去质疑当时美国社会和政治机构的权威。据说，作为美国开国元勋之一的本杰明·富兰克林，也曾敦促刚从英国统治下独立出来的美国公民质疑权威。古希腊哲学家苏格拉底同样提出过用具有争论性的问答对话来激发批判性思维。如今，我们将该框架称为苏格拉底式提问法。

这 3 位截然不同的领域的大人物有一个共同之处，即他们都主张以能够激发人们思考、讨论或情绪变动的方式对现状进行挑战。

华莱士及其媒体界的同事秉承了这种理念。不仅如此，有的记者还将挑战的强度提升至更高的水平，将“越血腥、越吸引眼球”视为媒体界的第一原则。他们还敏锐地意识到，冲突才能博人眼球，从而让观众心甘情愿地在电视上看广告、在影院买爆米花。因此，他们总会提一些尖锐问题。

首先，不妨让我们来看看华莱士最具有代表性的讯问式采访之一，即他对上市公司南方保健（Health South，现更名为 Encompass Health）的创始人兼首席执行官理查德·斯克鲁希（Richard Scrushy）的采访。公司内 5 名以上前首席财务官曾指控斯克鲁希有财务造假行为。当斯克鲁希答应接受采访时，华莱士坦承自己“对此感到非常惊讶”，并在采访一开始就直指要害：

> 你是个骗子。你自己也知道。美国证券交易委员会事实上已经认同了这一点。引用你们公司前首席财务官的原话，就是“斯克鲁希夸大了收益，他既背叛了股东，也背叛了员工”。

斯克鲁希不断地快速眨着眼睛，回答：

> 这些是没有任何证据的，而且……呃……许多人都说这些并不是真的。

华莱士瞥了一眼笔记，向他提供了证据：

> 首席财务官塔德·麦克维（Tad McVeigh），于今年（2003 年）年初认罪，并告诉法官，“斯克鲁希知道财务报表中的数字不正确”。

斯克鲁希继续不断地眨着眼睛，面部也开始抽搐。他抗议道：

> 我再说一次，这些都不是真的。我没有，我没有……

华莱士挥舞了一下双臂，并露出一个嘲讽的笑容，说道：

> 这些人都是骗子，而你是一名盔甲骑士。

斯克鲁希辩解道：

华莱士，有5万人……有5个人……5万人中只有5个人提出了这些指控。我想说的是……

华莱士眯起眼睛，打断了他的话：

但你是整件事的负责人。没错吧！你就是……

斯克鲁希皱着眉头、前倾着身体说道：

这并不意味着……好吧……不，我没有。我没有。我没有！不，这……你说的这些都不是真的！

华莱士再次瞥了一眼笔记，并提供了更多证据：

麦克维向法官指明，你为自己的财务造假行为做辩解的原话是“所有公司都会让相关负责人在财务报表中动手脚”。

斯克鲁希摇摇头：

我从来没有对他说过这些，他知道。

然后他挑了挑眉毛，接着说：

我没有……我当然没有进行财务造假。人们了解我，知道我是绝对不会指使别人这么做的。

华莱士继续问道：

你们公司首席财务官进行财务造假的动机是什么？

斯克鲁希还在眨着眼睛，回答：

我真的不想继续聊这些细节，我只能说，他们每个人都有动机。

华莱士向斯克鲁希抛出的每一枚重磅炸弹都围绕着同一个问题，即后者的财务造假行为。而每当华莱士发动攻击时，斯克鲁希都只能手忙脚乱地做出防御性回应。

凯伦·图穆蒂（Karen Tumulty）是一位与华莱士不分伯仲的记者。图穆蒂如今是《华盛顿邮报》的一名政治专栏作家，曾担任《时代周刊》驻国会记者长达 16 年。在任期内，她经常向资深众议员和众议院议长约翰·博纳（John Boehner）发难，使得博纳在回忆录中抱怨道：

有些记者一开始会开开玩笑，表现得十分友好，并试图在向你抛出重磅问题之前使你消除戒备之心，而图穆蒂不会如此……她开门见山、直击要害，就像发现了 1 千米外一只跛脚兔子的老鹰。

大多数记者都渴望效仿华莱士和图穆蒂，但往往远远无法达到他们的水准。

英国第四频道（Britain's Channel 4）的记者克里斯南·古鲁-莫西（Krishnan Guru-Murthy）就曾如此行事。他尽力模仿华莱士的风格，并针对电影《被解救的姜戈》（*Django Unchained*）向好莱坞导演昆汀·塔伦蒂诺（Quentin Tarantino）发难：

你为什么这么肯定“享受电影暴力”和“享受真实暴力”之间没有联系？

塔伦蒂诺大怒道：

不要问我这样的问题，我才不会上钩。我拒绝回答你的问题。

古鲁-莫西坚持问道：

为什么？

塔伦蒂诺告诉他：

因为我是来推广电影的。你不要搞错了，我来此是为了给电影打广告。

古鲁-莫西继续向他发出挑战：

哦，所以你不想谈论任何严肃的话题。

塔伦蒂诺坚持自己的立场：

我不想谈你想谈的事，我不想谈论暴力可能带来的影响。我不想谈的原因是我早已说明了我想要说的一切。

古鲁-莫西指出：

但你并没有详述。

塔伦蒂诺没有妥协：

我没必要详述。

古鲁-莫西试图缓和一下气氛，尴尬地微笑着说：

但我有必要向你提出这个要求。

塔伦蒂诺冷笑着说：

而我在让你闭嘴！

古鲁-莫西并没有因此气馁，他尝试从另一个角度将话题继续下去：

但作为一个电影制片人，你肯定有责任解释一下你在做什么。

塔伦蒂诺依旧立场坚定地说道：

在过去20年里，我已经解释过很多次了。我只是拒绝为了满足你的要求一遍又一遍地重复自己说过的话，我拒绝为了你、为了你的节目、为了节目的收视率而这么做！

古鲁-莫西将视线移开，并紧张地笑了起来：

哦，不……这并不是为了……为了收视率。

塔伦蒂诺俯身向前，给出最后一记"重拳"击倒对方：

不，不，明明就是！你是为了让我为你、为你的节目、为此时此刻节目的收视率而大放厥词！

塔伦蒂诺几乎每天都需要在电影拍摄现场对演员、幕后工作人员以及摄影棚技术人员发号施令，他才不会轻易向记者所提的尖锐问题妥协。然而，很少有人，尤其是很少有商界人士能拥有塔伦蒂诺这样的气魄。

说服受众为你买单

商界人士不需要关心节目的收视率，他们会提出尖锐的问题，是出于完全不同的原因。有的是因为自称是苏格拉底思想的追随者，他们通过质疑一切来激发批判性思维。我曾为思科公司巴黎办事处的经理们提供培训课程。彼时，其中一位名叫海伦妮·波里尔（Helene Poirier）的经理经常挑战我，质疑我的方法。在培训课程结束时，波里尔走过来向我解释，她并非有意刁难我，而只是将她在法国教育体系中学到的方法付诸实践：

> 学校教导我们用由17世纪哲学家笛卡尔提出的方法论来思考。我们会从尽可能全面的角度去探讨某个想法：该想法由什么、由谁支持？如何支持？又由什么、由谁反对？如何反对？我们能够理性地得出何种结论、意见和决定？

商界人士提出尖锐问题的原因，除了用苏格拉底和笛卡尔的方法进行了思考，还与演讲的固有性质有关。笛卡尔的方法听起来像是记者的工作说明，而演讲的目的在于说服目标受众：让潜在客户购买新的产品或服务，或者让现有客户将其已经拥有的产品或服务升级到新版本。

举行所有演讲中风险最高的IPO路演活动，目的在于说服投资者购买一只新发股票。事实上，根据美国证券交易委员会的规定，企业在首次向公众发行股票时，需将发行的目的和用途等事项以书面形式公开，例如招股说明书应当包含如下规定字样：“本公司此前从未公开上市发行普通股。”换言之，“投资风险自负”。

简言之，就是要在招股说明书中标明“一经售出，责任自负”。

说服目标受众做出改变几乎是所有商业活动的目的，而大多数人对变化会存在抵触情绪，所以他们会精挑细选、仔细调查。而你，正是他们挑选、调查的对象。

把真诚作为应对尖锐问题的前提

作为 IPO 组织架构的核心，企业的高管团队必须前往全国各地，乃至世界各地，开展为期两周的巡回路演。高管团队需在这段时间内举办 50 ～ 80 场推介会，向投资者进行推介。通常，每场推介会均由现场演讲陈述和问答环节两部分组成。随着路演网站的出现，一切发生了改变，任何人都能够通过网站观看 IPO 路演的视频（见图 2-1）。

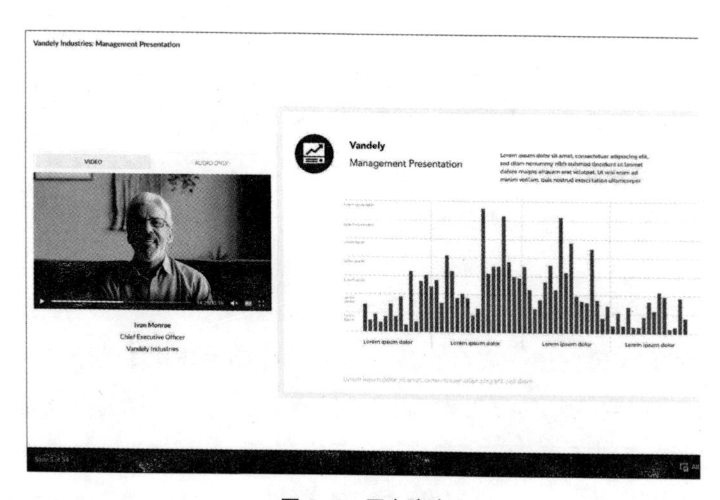

图 2-1　网上路演

如今，由于大多数投资者已经观看过视频版本的演讲陈述，所以推介会上基本只剩问答环节。然而，高管团队仍需完成为期两周的艰苦巡回路演，以及举办相同数量的推介会。因为没有哪位投资者会仅凭一场包装漂亮的演讲就做出决定，花数千万美元购买新发股票。理想情况下，投资者希望能与企业的高管团队进行面对面的交流，并握手对视。疫情的发生使此类会议的开展不得不以线上的方式进行。随着时间的推移，许多投资者已逐渐适应线上的沟通方式。但是，无论是线下还是线上，投资者都希望与企业的高管团队密切接触，讨论企业的业务，并直接向他们发问。

戴维·贝莱（David Bellet）是华尔街最成功的长期投资公司之一皇冠顾问（Crown Advisors International）的创始人和前主席，也是诸多成功企业的早期投资者。这些企业包括惠普、索尼和英特尔。他在解释自己向企业高管发问的意图时如是说：

> 我提出问题，其实并非旨在获得一个圆满完整的答案，因为我不可能像演讲者那样了解该主题。我所看重的是演讲者是否对问题进行了思考，是否坦诚、彻底、直接，以及演讲者在压力下有何种表现——此人是否拥有雄心壮志、是否激情满满、是否能毫不畏惧地直面火线。

对于向寻求公开融资的演讲者发问，没有人比莱斯莉·弗朗（Leslie Pfrang）更加深谙此道。如今，虽然弗朗和她的合伙人莉丝·拜尔（Lise Buyer）是V级集团（Class V Group）的负责人，这是一家为企业提供驾驭复杂的上市过程服务的咨询公司，但弗朗在德意志银行和瑞士瑞信银行担任过数十年的董事总经理，彼时的她主要负责针对公众投资者进行IPO的定位和配售。正如她所说：

公众投资与私人风险投资不同，公众投资者覆盖并拥有几百家企业的股票。他们想要的是稳扎稳打。他们会不动声色地看看季度财报电话会议摘要、看看管理团队是否按计划行事。平平淡淡，如此而已。因此，公众投资者经常会提出刁钻的问题来考验新的管理团队，甚至会像警察在审讯室里询问嫌疑犯那样，从不同角度、以不同方式反复问同一个问题。他们对管理团队在面对这种压力时的反应，与对他们给出的答案同样感兴趣。管理团队需要做到信息一致、不摇不摆、坦诚自信。这种能力至关重要。如果管理团队无法承受这种压力，公众投资者就会认为该企业的股票价格将出现波动，并选择等待。平时就将问答环节视为一场"血腥运动"，予以积极练习并体验其中的严酷，总比在公开场合被杀个措手不及要好得多。

与那些考虑新产品的潜在客户、考虑建立战略关系的潜在合作伙伴、考虑要求增加资源并因此而备感压力的经理、关心政治并正在考虑黑马候选人的公民，以及考虑向非营利性事业捐款的富裕捐助者相比，作为考虑购买股票的投资者，贝莱和弗朗所提出的尖锐问题没有什么本质不同。如何应对尖锐问题，是演讲者在上述所有情境中需要面对的统一挑战。

还有一个重要的注意事项：你在本书中学习的所有问答技巧，都要求你以绝对真诚作为前提。上一段话的关键词是"应对"，即处理尖锐问题。提供答案是"应对"之中不可或缺的一部分。而你在给出每一份答案时都必须做到真诚、真实、直接，否则，所有技巧都将是徒劳。

正如美国伟大的幽默大师马克·吐温所说：

如果你说的是实话，你就不用记住自己说过什么。

TIPS

魏斯曼
完美演讲

你在应对每一个尖锐问题时，都必须做到真诚、真实、直接，否则，所有的技巧都将是徒劳。

IN THE LINE OF FIRE

HOW TO HANDLE TOUGH QUESTIONS... WHEN IT COUNTS

第 3 章

回答至关重要

> “综上所述，我们的研究结果表明：当投资者对企业价值进行评估时，他们对企业管理团队的基本印象是重要影响因素之一。”
>
> ——《感知与价格：以 IPO 路演中 CEO 演讲为例》

上面这段话来自第 1 章中关于 IPO 路演的学术研究的摘要。此处重申该研究结果，旨在强调问答环节中的重要动态关系：演讲者如何处理尖锐问题（“投资者对管理团队的基本印象”）与观众如何看待演讲者（“投资者对企业价值的评估”）之间的关系。

在《魏斯曼的演讲大师课 4》中，我将这种印象与评估之间的关系称为“演讲者的行为和观众的感受”动态关系。我主要从演讲技巧方面对这一动态关系进行了剖析，即观众如何看待演讲者的肢体语言、眼神交流和声音等。在问答环节中，这种关系变得更加重要，因为演讲者需要与个别观众展开直接互动。当演讲者对某个尖锐问题做出有效回应时，观众就会产生积极看法；反之，当演讲者无法做出有效回应时，观众就会产生消极看法。

在团体动力学的作用下，所有观众对任何一次交流的感受都会趋于一致。因此，演讲者既可能大获全胜，也可能一败涂地——要么成功，要么失败。

推诿逃避和恶斗到底会让问题变得更糟

我们发现，大多数演讲者通常以两种方式来应对尖锐问题：第一种方式是推诿逃避，第二种方式是恶斗到底。

推诿逃避

无论从哪个标准来看，马克·麦奎尔（Mark McGwire）都可以称得上一位美国英雄。作为一名英俊健壮的职业棒球明星，他在大联盟的 17 年职业生涯中曾创下多项本垒打纪录。数以百万计的球迷视他为偶像，直到他卷入丑闻之中。退役 4 年后，麦奎尔被指控曾服用类固醇以增强其在比赛中的肌肉力量。

这些指控导致他被传唤到美国国会听证会。在听证会上，国会议员威廉·莱西·克莱（William Lacy Clay）向他发问：

> 我们同样身为年轻孩子的父亲，我的儿子和女儿都热爱体育，也都仰慕像你这样的体育明星。我们能否坦然地告诉这些孩子，像你这样伟大的球员在比赛时始终保持了诚实和正直？

麦奎尔给出了这样的回答：

我不想回顾过去，也不想谈论过去。

克莱进一步追问：

作为日常训练的一部分，除了服用当时属于合法补充剂的雄烯二酮，你还服用过什么其他补充剂？

麦奎尔再度回避道：

我来此并不是为了谈论过去。

虽然每个公民都有避免自证其罪的权利，但以推诿逃避的方式做出回应显得防御性十足。至少麦奎尔还是在为自己辩护时展现出防御性，如果某个大型银行组织的总裁也使用这一策略，情况将会变得更加糟糕。

人们曾将约翰·斯顿夫（John Stumpf）视为当代“工业领航人”的代名词，安德鲁·卡内基（Andrew Carnegie）、亨利·福特和约翰·D. 洛克菲勒（John D. Rockefeller）等业界巨头也都曾被冠以该美誉。彼时，身为实力雄厚的富国银行（Wells Fargo Bank）主席兼首席执行官，满头银发、颇具贵族气质的斯顿夫拥有近 2 300 万美元的年收入。无论是样貌举止还是行为表现，斯顿夫都可谓无懈可击，直至他跌落神坛的那一天。美国消费者金融保护局指控富国银行非法开设了 200 万个未经授权的支票和信用卡银行账户，并对该公司处以 1 亿美元的罚款。

在美国消费者金融保护局向富国银行开出罚单后，斯顿夫被传唤到参议院银行委员会。参议员帕特·图米（Pat Toomey）向他发问：

斯顿夫先生，你是否承认参与此项活动的员工是在进行欺诈？

斯顿夫给出了推诿逃避式的回答：

我……我不是……呃……我不是个犯罪分子……

尼克松曾因否认罪行而声名狼藉，如今斯顿夫的做法与当时尼克松的如出一辙，他嗫嚅的回答使他听起来和尼克松一样心虚。

图米进一步向斯顿夫发难：

对于这种影响你名誉价值的潜在重大不利情况，你是从何时开始在证监会文件中披露的？

面对这种情况，斯顿夫崩溃了：

嗯，我不能……我无法……我无法回答这个问题，我只能让我们的法律团队来回答。我现在手头上没有这些信息，但这并非……呃……我只是……我暂时还回答不了这个问题。我不知道。

不同的人对尖锐问题会做出不同的反应。有些人则采用了与上述案例中完全相反的态度，对尖锐问题予以反击。

恶斗到底

自 1999 年黑莓手机母公司上市起，黑莓手机就成为数百万用户安全通信的首选移动设备。后来谷歌推出安卓操作系统以及苹果公司推出 iOS 操作系统，给黑莓手机带来双重暴击，使黑莓母公司（RIM Research in Motion）的股价断崖式下跌，黑莓公司的首选地位也随之化为泡影。4 年后，RIM 试图以新型平板电脑 PlayBook 的发布为契机卷土重来。同时，身为 RIM 创始人、联合主席兼联合首席执行官的迈克·拉扎里迪斯（Mike Lazaridis）决定亲自推出该产品。

拉扎里迪斯原本打算在英国广播公司（BBC）电视台做一次单纯的宣传采访。不料，在采访过程中，科技记者罗里·凯兰－琼斯（Rory Cellan-Jones）突然问道：

> 我能问一下贵公司在安全方面遇到的问题吗？之前，印度政府和一些中东国家政府对黑莓手机的安全性表示了质疑，这方面的问题解决了吗？

拉扎里迪斯先是看着远方摇了摇头，然后抬头看向记者并说道：

> 这不公平。首先，这并非安全……我们没有任何安全方面的问题。我们打造的平台是最安全的平台……

凯兰－琼斯打断了他的话，问道：

> 我的问题有何不公？

记者继续猛攻，拉扎里迪斯也继续抵挡。几次交锋之后，凯兰－琼斯给出致命一击：

> 你能保证……我们在中东国家和印度也有很多听众和观众朋友……你能否信心十足地向他们保证使用黑莓手机不会出现任何安全问题？

被问至此，拉扎里迪斯给予了最后的反击：

> 对不起，这不公平。我们已经处理了这个问题。拜托，这属于国家安全问题。

随后，拉扎里迪斯转身直视摄像机，用手直指镜头，呵斥道：

> 别录了！

虽然记者时常会在节目上向毫无戒心的受访者发难，但这种剑拔弩张的气氛与投资分析师向企业管理团队提问时的气氛相比，还是相形见绌了些。美国证券交易委员会规定，上市公司必须以电话会议、视频会议或网络直播的方式定期提交收益报告。在此类业绩说明会中，分析师和投资者可以针对公司业绩向企业管理团队提问。投资百科（Investopedia）网站对此类会议的描述如下：

> 在大多数分析师和投资者眼中，问答环节是整场业绩说明会中最重要的部分。因为分析师能够就公司业绩中任何不清楚或需要详细说明的地方，向管理团队提出问题。

由于这些博学多识、眼光独到的金融专业人士需要向他人给出买进或卖出的关键建议，并且要价不菲，因此他们所提的问题通常非常苛刻。

克利夫兰-克里夫斯（Cleveland-Cliffs）公司是一家已经上市的铁矿开采公司。在该公司某次财报电话会议前，负责分析该公司的高盛集团（Goldman Sachs）的分析师认为，其前景尚不明朗，并给出了11美元的目标价。该目标价略低于华尔街的估价和当时的股价。在财报电话会议上，该公司的主席、总裁兼首席执行官卢伦科·冈卡尔维斯（Lourenco

Goncalves）因此被激怒，并将怒气发泄在这名分析师身上：

> 你就是个蠢货！你的父母以你为耻！不管怎样，我们都会用金钱来回报我们的长期股东。因此，如果这群只会敲敲键盘、拿别人的钱来瞎捣鼓的毛头小子，导致公司的股票继续下跌，那么我们将回购股票。我们要把这群蠢货搞得很惨，惨到连辞职都没法使他们解脱。让他们只能去死……我告诉你，你惹错了人。

冈卡尔维斯此次在会议上发飙之后，克利夫兰－克里夫斯公司股票的跌幅立刻超过了 6%，这是明显的因果关系。

用积极的回应为观众带来积极的感知

在上述事件之后，麦奎尔、斯顿夫和拉扎里迪斯各自在事业上的遭遇，进一步证实了演讲者的行为和观众的感受之间的动态关系。

球员生涯结束后，麦奎尔继续在几支大联盟球队中担任教练。然而，尽管有多次年度投票，但他从未被选入美国国家棒球名人堂（National Baseball Hall of Fame）。通常来说，以他出色的击球记录，理应入选。

在参议院听证会上做证后不到一个月，斯顿夫就从富国银行辞职了。3 年之后，财政部对他开出“终身禁入银行业”的禁令，并对他处以 1 750 万美元的罚款。

RIM 所推出的 PlayBook 平板电脑被苹果公司的 iPad 和亚马逊的 Kindle

Fire 盖住了风头，销量完全不敌二者，在竞争中落得个惨败的下场。再加上黑莓操作系统推迟发布，使 RIM 的市值缩水幅度已经超过了四分之三。一年后，拉扎里迪斯和 RIM 联合首席执行官吉姆·鲍尔西利（Jim Balsillie）双双辞职。

毫无疑问，麦奎尔、斯顿夫、拉扎里迪斯和冈卡尔维斯会有如此遭遇，其根本原因还在于公司基本面和经营绩效欠佳。不过，在面对发问者提出的指控和尖锐问题时，他们有失分寸、欠佳欠妥的反应，无疑也带来了严重的负面影响。

对于斯顿夫的推诿逃避存在何种弊端，耶鲁大学管理学院高级副院长兼教授杰弗里·索南菲尔德（Jeffrey Sonnenfeld）给出了完美的总结。在接受美国消费者新闻与商业频道（CNBC）"Squawk Box"栏目的采访时，索南菲尔德直言：

> 他在毫无准备的情况下走进那里，手里只有一份起草好的、旨在修复公共关系的单调文稿。按文稿读的话，的确能让人觉得他悔意十足、诚意满满。然而，一旦遇上哪怕是最简单的问题，他就束手无策了。这些问题本应在他的预料之中，例如，"他是什么时候知道的？他知道些什么？谁在何时知道些什么？"等，但他压根没有准备好。

不论是斯顿夫、麦奎尔的推诿逃避，还是拉扎里迪斯和冈卡尔维斯的恶斗到底，皆属于消极的行为反应，会给观众带来消极的感受。这样一来，不仅对演讲者本人，也对他们所传达的信息产生了负面影响。如果你对一个尖锐问题做出了推诿逃避或恶斗到底式的反应，那么你便失去了可信度，从而也就无法实现你的目标。

相反，如果你能对尖锐问题表现得有把握，并进行有针对性的回答，那么你不仅可能会毫发无损，甚至可能会大获全胜。

在第 2 章中，贝莱告诉我们，投资者看重的是“演讲者是否对问题进行了思考；是否坦诚、彻底、直接”。你大可将贝莱对“投资者观众”的观察推广到所有其他观众身上，其中包括客户、合作伙伴、经理，甚至员工。

因此，你将要学习的不仅是如何给出正确答案，还有如何通过让观众相信你已经对他们的问题进行了足够的思考，并以坦诚、彻底、直接的方式做出反应，进而在他们心目中建立起积极的感受。

在索南菲尔德教授看来，斯顿夫之所以惨败，正是因为他“毫无准备”。因此，我们从下一章开始学习整个应对过程的第一步——准备。

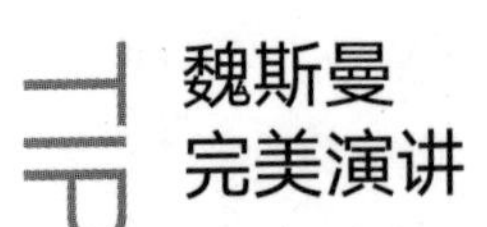

TIPS 魏斯曼完美演讲

如果你能对尖锐问题迅速给出有把握且有针对性的回答，那么你不仅可能会毫发无损，甚至可能会大获全胜。

IN THE LINE OF FIRE

HOW TO HANDLE TOUGH QUESTIONS... WHEN IT COUNTS

第 4 章

做好准备，赢得先机

> 世界上很少有人能够在事先不做任何思考或准备的情况下，完成一次优秀的演讲。即兴演讲者的确可能会爆出一些金句，也可能引得观众频频喝彩。但若演讲的主题较为深刻，那么演讲者不在演讲之前做足功课的话，将无法给观众带来任何实质性的启发或指导。
>
> ——《纽约时报》1851 年 9 月 20 日

在林肯担任总统期间，威廉·亨利·西沃德（William Henry Seward）担任国务卿。上面这段话来自《纽约时报》对西沃德某次演讲的评论。对于问答环节，西沃德的准备尤为重要。因为在此类演讲的自由问答环节中，演讲者可能会失去对局面的控制。为了避免这种情况发生，演讲者必须通过以下步骤认真做好准备：

- 做足研究。深度了解观众的背景。
- 进行预测。针对观众可能提出的尖锐问题，列出一份清单。
- 加以提炼。以问题为出发点，找出关键主题。
- 确定立场。围绕关键主题，制定回答策略。

做足研究

任何负责任的商人都会在开展商业项目之前做足功课，你在演讲之前同样应当如此。你需要尽可能广泛地收集关于观众的信息：访问他们的网站以了解最新信息，挖掘他们关心的重要问题和热点话题，并在网上搜索相关信息，然后总结出一份研究简报。

来自美国东北大学新闻学院（Northeastern University's School of Journalism）的艾伦·施罗德（Alan Schroeder）教授指出，在美国总统候选人肯尼迪和尼克松开展那场具有里程碑意义的总统竞选辩论之前，双方的团队都"编写了大量的研究简报"。但是，正如施罗德教授在《总统辩论》（*Presidential Debates*）一书中所述，候选人双方在应用研究结果的方式上存在着明显的差异：

> 肯尼迪的竞选团队将其研究简报称为《尼克松百科全书》。并且，肯尼迪在总统竞选辩论之前与顾问们进行了练习……他要求助手们从索引卡上抽取问题，然后针对问题进行大量的非正式预演，以此来为总统竞选辩论做足准备。
>
> 而尼克松的竞选经理鲍勃·芬奇（Bob Finch）则称："我们一直催促尼克松与团队成员练习辩论，无论与哪位成员辩论什么都行，但他除了告诉我自己很擅长辩论之外，什么都没做。他完全拒绝为总统竞选辩论做任何准备。"

肯尼迪和尼克松在准备第一次电视直播辩论的方式上也有所不同。

唐·休伊特（Don Hewitt）是哥伦比亚广播公司《60 分钟》节目的创始

制作人。彼时的他正是那次总统竞选辩论的电视导演。他在自传《给我讲个故事》（*Tell Me a Story*）中讲述了双方的幕后准备情况：肯尼迪在总统竞选辩论前三天抵达芝加哥进行排练，并通过休息来养精蓄锐，而身体抱恙的尼克松则在马不停蹄地大力开展竞选活动，直到总统竞选辩论当天才赶到芝加哥。当他到达 WBBM-TV 演播室时，早已是一副筋疲力尽、身心憔悴的模样。瘦削的他使得身上的西装看上去松松垮垮的。

由于那个年代使用的是黑白电视，肯尼迪的竞选团队事先对演播室进行了调查，并建议肯尼迪穿深色西装，好与浅蓝色背景幕布形成对比。而尼克松当天穿的是一套浅灰色西装，与浅色背景幕布融为一体，整个人显得十分苍白（见图 1-1）。

所有这些因素，再加上候选人在总统竞选辩论中对问题做出的不同反应，使得民意调查结果发生了变化。最终，双方的选票也发生了变化。这便是细节决定成败。

自那时起，媒体顾问在政治竞选中的地位开始与战略家不相上下，并且，准备工作也开始成为总统竞选辩论中必不可少的环节之一。在每次选举中，每位候选人都会为每场总统竞选辩论做好充分的准备，其程度不亚于盟军为登陆诺曼底所做的准备。

你不妨以肯尼迪竞选团队及《尼克松百科全书》为学习榜样。总统竞选辩论的经验适用于其他各种类型的问答会议，你所面临的问答会议也不外乎于此。

进行预测

针对可能出现的尖锐问题，列一份清单。虽然你比任何人都更了解你自己的业务和公司，但你仍需要询问同事的建议并且预测投资者可能提出的问题。除了同事，你还应广泛地向其他群体征求意见，如客户、合作伙伴、顾问等。如果可能的话，你甚至可以询问竞争对手的意见。一家人工智能技术公司的首席执行官曾告诉我，除了在公开网站和竞争对手的网站上搜寻与竞争定位相关的信息，他还与部分竞争对手展开了直接交谈。所有这些信息综合在一起，使他成功预测到潜在投资者将会提出哪些关于竞争的问题。

为最坏的情况做好准备。针对你最害怕听到的问题，列一份清单。此时，你需要做到彻底、坦率、无情。你需要汇总出那些令人无比头疼的问题，为即将到来的“恶战”做好准备。

当年，里根总统提名巡回法院的法官罗伯特·博克（Robert Bork）为联邦最高法院法官时，引发了一场关于博克提名的大论战。民主党认为博克保守色彩过于浓重。于是，在参议员特德·肯尼迪（Ted Kennedy）的带领下，民主党发起了一场气势汹汹的运动，最终使得博克与大法官职位失之交臂。历史上称此次事件为“博克事件”(Borking)。

然而，博克此次失利很大程度上同样是由于自身准备不足。普利策奖得主、总统历史学家加里·威尔斯（Garry Wills）对当时的情况描述如下：

> 通常，最高法院大法官提名人的顾问团队会要求提名人参加“审查委员会”(murder boards)，以针对确认听证会上将会遇到的种种情形进行预演。贾奇·斯卡利亚（Judge Scalia）在经历了这种

折磨之后告诉博克无需接受这种指导。博克同样认为自己没有必要为此做准备。在他看来，确认听证会只不过是走个过场而已。

“博克事件”后，所有最高法院大法官提名人都开始认识到了准备工作的重要性。如今，他们将参加“审查委员会”视为必不可少的环节之一。“审查委员会”即对确认听证会的模拟练习，其中包括重现参议院会议厅的实际安排，以及预测参议员将会提出何种尖锐问题。

为了将“审查委员会”与所有律师都熟悉的法学专业常用实践性教学方法——“模拟法庭”区分开来，前总统演讲稿撰写者、《纽约时报》专栏作家威廉·萨菲尔（William Safire）曾撰文写道：

> 我们需要用一个术语来描述这种氛围更加紧张、敌意更浓的事件。“审查委员会”是美国国防部内部的行话。有人称，该短语起源于情报分析员为确定叛逃者的话是否可信所使用的审讯方法。该短语最初的意思是指“一个对拟议方案进行严格审查的小组”，用更具体、更通俗的说法来解释的话，就是“一个负责以尖锐问题来使候选人或候选提案接受终极考验的小组”。

本书在第 2 章中讲述过，莱斯莉·弗朗曾将为企业 IPO 路演举办问答练习的过程描述为“血腥运动”。而大法官提名人所需面对的“审查委员会”，与此如出一辙。

首席法官约翰·G. 罗伯茨（John G. Roberts）和助理法官塞缪尔·阿利托（Samuel Alito）在被提名为最高法院大法官时，也曾通过事先接受“审查委员会”的考验来为确认听证会做好准备。如今在沃尔玛任首席法务官（CLO）的雷切尔·布兰德（Rachel Brand）曾为上述两位法官效力，他指出，“审查委员会”的主要目的就在于提问：

> ……他们会通过尖锐问题、极具争论性的问题、令人讨厌的问题，以你能想象到的最恶劣的方式，一遍一遍又一遍地折磨你。

在多年工作经历中，我见过一些非常全面的问题清单，尤其是企业在准备 IPO 路演时列出的问题清单。首席执行官和首席财务官会从公司各个部门以及投资银行家、律师、审计师、各类公共关系和投资顾问等方面征集问题，并汇总出一份内含多个子列表的大型问题清单。通过这份清单，企业将能汇总出一份可以直接用于回答这些问题的答案清单，这就是所谓的“原始问答”。

不过，这种方法存在一个巨大的弊端：观众并不会按照问题清单列表从上往下地提问，而是会以冗长、随机、非线性的方式提问。这时，演讲者将会因自己突然成为全场所关注的焦点而紧张起来，只能火急火燎地比对两份清单，试图找出合适的答案（见图 4-1）。

如果你在高度紧张的情况下，需要在两份清单中来回查找比对，那么你的注意力肯定无法集中，甚至在回答问题时支支吾吾。因此，你需要另寻他法。没错，你的确需要汇总一份尖锐问题清单，但你只需收集问题而非答案。

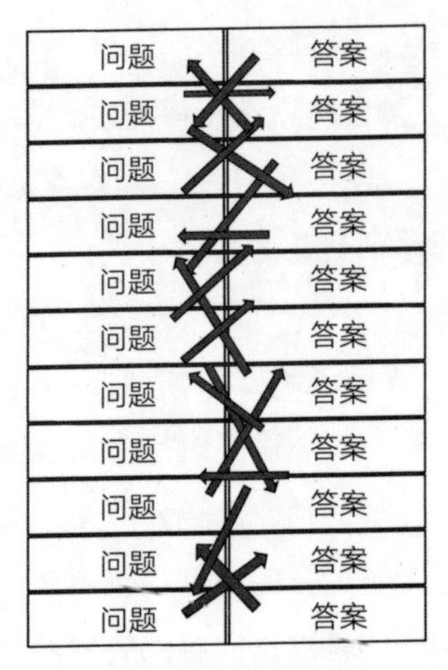

图 4-1 “原始问答”难以匹配问题和答案

加以提炼

当你汇总好问题清单以后，请仔细阅读一番。此时，你会发现，即便你列出了 100 个尖锐问题，它们也可以分为几个关键议题（见图 4-2）。

为了简明扼要地表达关键议题，你不妨将它们想象成“罗马柱”（Roman Columns）。

罗马柱

如果你读过“魏斯曼的演讲大师课”四部曲中的另外两本书，那么你一定不会对“罗马柱”感到陌生。由于尚有不熟悉该概念的读者，不妨让我再展开讲讲。“罗马柱”这一概念可以追溯到公元前 100 年前后罗马帝国的

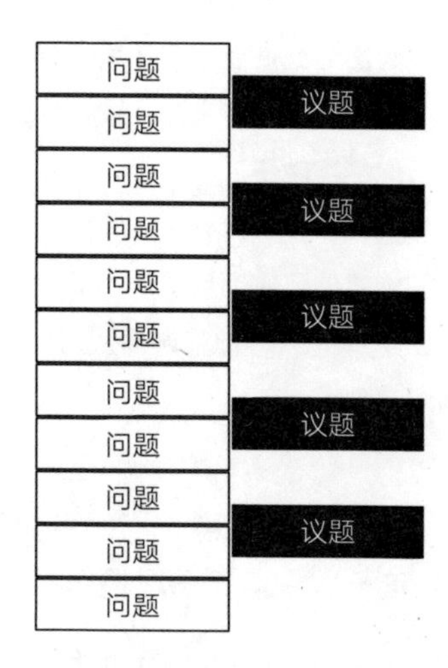

图 4-2　将长长的问题清单提炼成几个关键议题

辉煌时期。彼时，西塞罗等伟大的罗马演说家经常需要在罗马广场上连续数小时进行脱稿演讲。为了记住想要表达的内容，这些演说家会利用广场上的柱子作为联想记忆的提示。这种策略逐渐演变成如今的“罗马房间记忆法”（Roman Room Technique），这种方法能够帮助人们更好地记住清单内容。然而，我不建议你记背任何内容——无论是故事还是答案，我们的目的在于，将罗马柱视为关键议题的提炼点。

七大普遍议题

你将会发现，各行各业的关键议题大同小异。作为一名导师，我合作过的企业不仅包括来自信息技术、电信、生命科学、金融行业的企业，还包括来自社交媒体、房地产、零售业、制造业、餐饮业的企业，甚至不乏一些非营利组织。我发现，各行各业都面临着七大普遍议题：

- 价格或成本：太高？太低？太多？太少？
- 竞争或差异化：你如何展开竞争 / 做到差异化？
- 资历或能力：你能否胜任？
- 时机：太早？太晚？
- 增长或展望：你将如何实现目标？
- 突发状况：如果发生……你将如何应对？
- 疑虑：你面对何种挑战？

你将会发现，这些议题非常普遍，因而准备答案的过程会得以大大简化。请回顾这份清单，这一次，请仔细想想你将会如何回答这些问题。即便你才加入公司不久，你也很有可能会对公司在每个问题上的立场有一个大致的了解。

当汇总好问题清单并将其归类以后，你将会发现其中存在一些与你所属行业或所在公司有关的独特主题，可能包括：

- 进入市场
- 产品战略
- 盈利能力
- 市场规模
- 商业模式

将这些主题添加到“普遍议题”中，如此一来，你便可以对每个问题的答案进行定位。

当读到本书第 15 章时，你会发现本书的所有技能已尽数讲完。届时，你将读到两家企业的案例，并了解到它们是如何通过对预期问题的答案进行定位来准备各自的 IPO 路演的。

确定立场

在确定了与业务相关的关键议题之后，你便可以确定立场，并以此作为根据来回答每个问题。例如，如果某问题质疑你的定价太高，那么你的立场就是你定价的理由。你需要拿出为媒体写新闻稿的态度来撰写立场。此外，你还需要与同事协商讨论。在达成共识之后，再将议题转化为“关键词”。然后，你只需要针对不同的普遍议题来根据相应的立场作答即可（见图 4-3）。

你需要在准备过程而非演讲过程中完成确定立场的任务。要提前思考清楚，而不是等站上演讲台了再去思考。

随着负担变轻，你能够更轻松地针对具体问题给出具体答案（见图 4-4）。

你将在后文中学习到更多关于如何作答的内容。现在，如果你确已严格按照上述四个步骤做足功课，那么你就做好了迎接下一章内容中关于“自由提问”的准备。

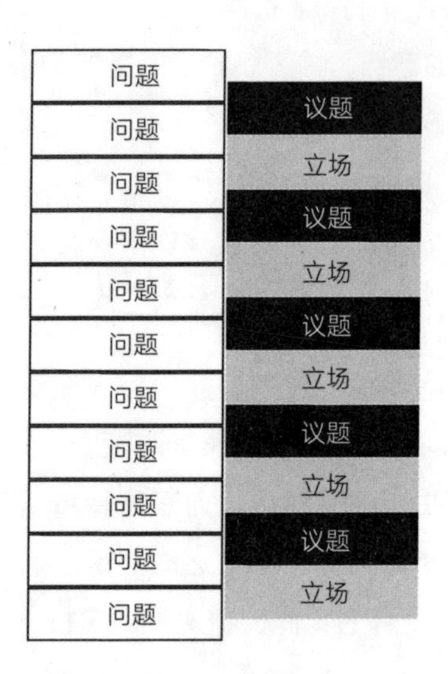

图 4-3　针对每个关键议题确定立场

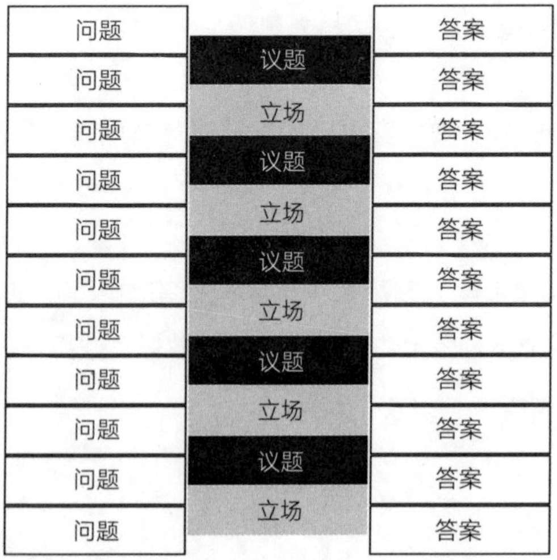

问题
问题
问题
问题
问题
问题
问题
问题
问题
问题
问题
议题
立场
议题
立场
议题
立场
议题
立场
议题
立场
答案
答案
答案
答案
答案
答案
答案
答案
答案
答案
答案

图 4-4　针对不同问题给出对应答案

TIPS

魏斯曼
完美演讲

为最坏的情况做好准备，彻底、坦率、无情地列出一份清单，汇总出那些你最害怕听到的、令人头疼的问题，为即将到来的“恶战”做好准备。

IN THE LINE OF FIRE

HOW TO HANDLE TOUGH QUESTIONS... WHEN IT COUNTS

第 5 章

掌控问答环节

以任何其他方式控制其命运……

——门罗宣言

做好最坏的打算

在1823年的国情咨文中，美国总统詹姆斯·门罗先发制人地保护了美洲免受欧洲殖民主义的影响。后来人们将这份国情咨文称为“门罗宣言”。士兵会预先通过实战演习为战斗做好准备，运动员会通过超负荷训练为比赛做好准备，政治家会通过模拟排练为辩论做好准备，销售人员会通过学习如何应对异议为克服成交阻力做好准备。

在准备接受提问时，你需要做好最坏的打算。不妨假设你需要面对的每一个问题都具有热追踪导弹一般的攻击力。如果你能在这种问题的攻击下应对自如，那么应对其他问题自然不在话下。

你甚至可以更进一步，假设所有问答环节都发生在有着大规模观众的“一对多”情境中。如果你能在这种情境中生存，那么你就具备了在任何情境中处理任何问题的能力，无论是一对一、一对多，还是线上沟通，等等。

当然，我们面对的问题并非全都尖锐棘手。对于容易应对的情况，本书中的技巧于你而言自然是有备无患的。与此同时，不妨让我们来看看究竟如何才能最大限度地控制最糟糕的情况。

最大限度地控制最糟糕的情况

一般大型演讲的观众人数都在 50 人以上。此时，演讲者通常会配备一个麦克风，而观众没有。这就给予了演讲者极大的控制权，使他能够不受干扰地完成整场演讲。在这种情况下，观众通常会将问题留到最后的问答环节。

在小型演讲中，情况恰恰相反。小型演讲通常以非正式的直接沟通开展，因此观众随时都可能打断演讲者并提问，这往往会使演讲变成一场讨论。尽管如此，演讲者仍须尽量控制住局面。我们不妨先来探讨如何在大型演讲中控制局面，然后再看看如何在小型演讲中具体调整控制策略。

在演讲结束时，你可以通过邀请观众自由提问来开启问答环节。

3 个基本规则，建立你的控制权

刚开始，你需要通过制定基本规则来建立控制权。

你的时间管理

在具体情况中，你可以通过发表以下声明来确定问答环节的时间。

- 我们有时间回答几个问题。
- 下午剩下的时间里，我将在这里回答问题。
- 我们将在分组会议上回答你们的所有问题。
- 我需要赶飞机，因此没有时间在此回答问题，但我十分乐意以电子邮件的方式回答你们的问题。

在问答环节接近尾声时，你可以通过倒计时来履行之前确定问答环节时间的承诺："我还有时间再回答 3 个问题"、"回答 2 个问题"、"回答 1 个问题"，或者"最后 1 个问题"。

控制提问量

多数人从小学开始，在群体中想要发言时都会举手。你可以利用这一习惯，以在问答环节开始时举起自己的手的方式暗示观众通过举手来获得发言机会。在开始邀请观众提问时，你可以举起手并问："谁有问题？"

通常情况下，在线下会议中，会有一两位观众举手；在线上会议中，你可能会看到一个手的图标出现。当然，也可能会有观众不举手就开始提问。

你只能暗示与你是平等关系的观众举手提问，而不要去指望潜在投资者、风险资本家或董事会成员也会举手提问。在小型演讲中，情况可能完全不同。小型演讲的非正式性会让演讲者和观众之间的交流更加随意和开放。

邀请合适的提问者

假设你在演讲过程中或演讲结束后看到有 3 位观众举手，此时，你可以选择邀请哪位观众提问。你需要张开你的手掌，切勿用手指指着提问的观众。我发现，演讲者很多时候会用手指直接指出受邀观众，在面包店挑选商品时，这样做完全没问题，但在演讲中邀请观众提问时，这样做就不合适了。

为了避免在问答环节做出此类下意识之举，你可以借助一个简单的计算题：一加三。即在伸出食指的同时，伸出其他 3 根手指，从而张开你的手掌。

按照惯例，美国总统会在新闻发布会上挑选几位记者提问。不过，你不是美国总统。或许你是公司总裁，但你不能享有美国总统的特权。假如问答环节有两名观众举手提问，你发现其中一位是名叫阿妮卡（Anika）的熟人，而并不认识坐在她身后的另一位举手的观众。于是，你通过喊阿妮卡的名字来邀请她提问，随后，当你邀请她身后那位观众提问时，称呼他为“先生”。这种做法会令这位观众感觉自己是个局外人。

你不妨将上述情形中的顺序颠倒过来。你可以先邀请坐在阿妮卡身后的那位观众，并称呼他为“先生”。这完全没问题。随后，你再邀请阿妮卡提问，并称呼她为“女士”。鉴于你认识阿妮卡，而阿妮卡对这点也心知肚明，因此她不会感觉自己被冒犯。

如果你知道在场每位观众的名字，那么你可以通过直接喊名字的方式来邀请他们提问；如果你并不知道每个人的名字，那么就不要喊任何人的名字。如果你只喊得出部分观众的名字，那么别人可能会认为你有失公允，甚至会认为那些你喊得出名字的观众是你的托儿。

迈进问答的循环

在邀请某位观众提问之后，你就已经正式迈进“问答的循环”中一系列关键拐点的第一步。

- 将发言权交给提问者。
- 观众提完问题之后，演讲者重新掌握发言权。
- 回答观众所提问题。
- 提供额外价值。

然后，通过邀请另一位观众提问来重复该循环。依此类推，从而形成一系列相互关联的环状步骤（见图 5-1）[①]。

在本书的后续章节中，你将学到应用于“问答的循环”中每个步骤的完整技巧。我们还将举例说明如何部署以及何时部署这些技巧。在本书最后对全部技巧进行总结时，你将再次看到这张循环图的另一个版本，即“Suasive 问答循环”。

① 阅读过本书此前版本的读者可能会注意到，在这一版中，我将“问答的循环”从五步简化成了四步。原因很简单，之前的第一步是“宣布进入问答环节”，该步骤只出现一次。

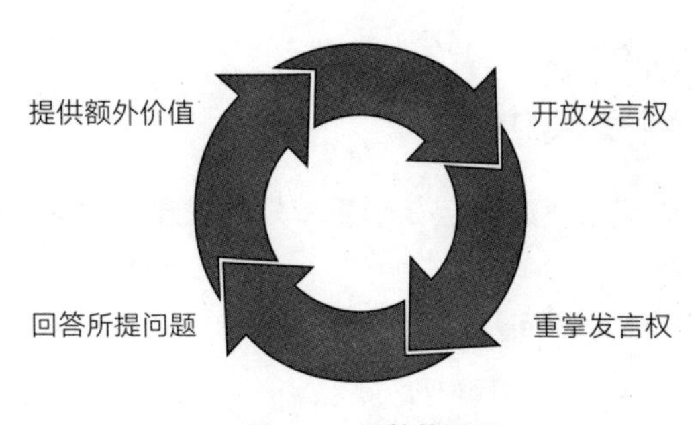

图 5-1　问答的循环

首先，让我们从如何在开启问答环节时掌控住局面开始。

开放发言权

比方说，你通过邀请某位观众提问，将发言权交到他手中。此前，你的马达在整个演讲过程中一直全速运转着，这一刻却突然停了下来。而这位观众恰恰相反，他的马达在之前一直处于静止状态，直到这一刻才突然全速运转起来。

整个会议室里的能量突然发生了转移——任何事情都有可能发生。我们将在下一章探讨相关内容。

TIPS

魏斯曼完美演讲

你可以通过制定 3 个基本规则来建立对问答环节的控制权：

· 做好时间管理
· 控制提问量
· 邀请合适的提问者

IN THE LINE OF FIRE

HOW TO HANDLE TOUGH QUESTIONS...
WHEN IT COUNTS

第 6 章

三思而后答

> 说的反面不是听，说的反面是等待。
>
> ——弗兰·勒博维茨（Fran Lebowitz）

世界上还有人没有指责过别人或被别人指责过“你根本没有在听”吗？恐怕没有。尽管幽默大师弗兰·勒博维茨以她一贯既尖刻又睿智的评论总结了该问题，但“没有在听”往往比“等对方说完”更能让人感觉被冒犯。

人类之所以会有失败的沟通，“没有在听”是最主要的原因之一。不仅在日常交流中存在这一问题，而且在社会、商界、政界和国际交往中同样存在这一问题。举个最简单的例子，试想你在某家餐厅就餐前向服务员明确表示不吃大蒜、培根和黄油，服务员应了一声：“知道了！”然后匆匆走开。然而，当他将你点的餐端上来时，你发现整份餐食蒜味扑鼻，满是培根和黄油。据称，幽默风趣的爱尔兰剧作家兼评论家萧伯纳（George Bernard Shaw）曾对此类无效沟通做了如下评论：

沟通中最大的问题在于“左耳进，右耳出”。

如果服务员没有听清顾客要求就上菜，那么顾客很可能会要求他重上一份，甚至会扣减小费。

如果在人际沟通中发生这种情况，那么双方很有可能因此而发生争吵，甚至导致关系严重紧张；如果在商业交往中发生这种情况，则可能导致无法达成交易、无法获得批准、拿不到投资等。

为什么你会答非所问

你不妨试着做个试验。起身去请附近的同事就任何主题向你提一个冗长而又含混不清的问题。无论是关于天气、新闻，还是关于你的业务，任何主题都行。要求该同事在滔滔不绝向你发问时，眼睛一直盯着你。当他讲了一会儿之后，你便开始双臂交叉、歪起身子，观察接下来会发生什么。通常情况下，你的同事会开始语无伦次并放缓说话速度。此时，你不妨问问对方，你的懒散姿态给他何种感觉。对方很有可能会告诉你，他感觉你根本没有在听。

我对客户做过该试验，他们告诉我的是："你毫无兴趣"、"你感到无聊至极"、"你很不耐烦"，或者"你根本无所谓"。

我想，没有任何一位演讲者想冒险向观众表现出不尊重的意思，毕竟，演讲的目的本就是寻求观众的认可。因此，尊重观众是演讲者必备的态度。然而，很多时候，由于演讲者急于取悦观众，于是在没有理解问题的情况下就开始回答，从而犯下了"没有在听"之罪。

如果我们认为，演讲者会以最大的诚意去回答每一个问题，那么我们则应考虑造成“答非所问”的另一个原因：观众提的问题是否明确。演讲者误解问题可能与观众的提问方式有关。人们聘我为演讲教练，通常是为了咨询如何回答，而非如何提问。当观众提问时，往往想到什么就说什么——这正是问题所在。

避免“没仔细听”的错误

观众刚刚接收完你演讲中的所有新信息，此时提问，他们的大脑仍处于信息消化过程之中。此外，当某位观众开始提问时，会突然意识到在场的每个人都在看向他，于是不自觉地紧张起来。随后，这位观众尚不完整的思绪就会以冗长、随机、非线性的方式倾泻而出，他的话语有时甚至都不具备提问的形式。我在第 4 章中讲述过这种现象的普遍性，并提醒过你在准备问题清单时必须考虑到这一点。

最后，还有一项因素能够影响他们在提问时如何组织语言。

诺贝尔经济学奖得主丹尼尔·卡尼曼[①]在其畅销书《思考，快与慢》（*Thinking, Fast and Slow*）中指出，人类大脑有快与慢两种完全不同的运作速度。快思考是大脑对一项新任务的自动反应，如同思维的洪流，伴随着毫无关联的想法、先入为主的观念、偏见和联想——所有这些都在大脑中随

---

① Daniel Kahneman，他在另一本著作《噪声》（*Noise*）中讲述了如何绝杀人类判断过程中的另一大隐形敌人——噪声，帮助读者重塑自己的决策框架，远离噪声，做聪明的决策者。目前该书中文简体字版已由湛庐引进，浙江教育出版社于 2021 年出版。——编者注

机跳动。快思考与右脑思维紧密相关，而右脑控制的正是非线性想法。慢思考则涉及深思熟虑和推理。然而，观众提问前并没有一个深思熟虑的过程。

当观众提问时，所有这些因素都会在他们的大脑中发挥作用。因此，他们口中的问题通常有着混乱不堪的语言组织形式。

不妨让我来举一个生动而又具有讽刺性的实例。这种混乱表述曾发生于最令人难以置信的情境——上市公司的季度财报电话会议中。与大多数其他观众不同，参加此类电话会议的投资分析师通常是博学多识、思维缜密之人。由于他们需要关注、研究整个行业，并花费大量时间去熟悉召开财报电话会议的公司，因此即便是最微小的细节之处，他们也了如指掌。即便这样，他们在向公司首席执行官发问的高压时刻，也会出现话在嘴边却一时说不清楚的现象。

以下便是某名投资分析师在季度财报电话会议上向微软首席执行官萨提亚·纳德拉（Satya Nadella）所提的问题：

> 纳德拉，我想问你一个问题。你讲得非常好，你谈到了微软给市场带来的扩展组合在危机时期、在组织运营方式瞬息万变的时期是如何帮助客户的。你能和我们谈一谈，这其中有多少是能产生收益的，如果你愿意的话？这其中有多少是你如今能够获得盈利的？而考虑到客户关系、长期发展，又有多少是你必须注重长远发展从而实现扩大使用范围、加深客户关系，因而在短期内无法获得盈利的？

纳德拉在这名投资分析师混乱无序的长篇大论中提炼出了他想问的问

题，并给出了回答：

> 总的来说，我们秉持的态度以及采取的方式，是在客户最需要我们的时候为他们提供服务。因此，我们并不会怀着这究竟能给我们带来多少收益的心态来提供服务。我始终坚持一点，即当我们的客户受益时，我们自然会长期受益。这既是我们商业模式的核心，也是我们处理问题的核心。

特斯拉是一家电动汽车及清洁能源公司。在该公司的季度财报电话会议上，一名对该公司具体情况十分清楚的投资分析师向首席执行官埃隆·马斯克（Elon Musk）提问：

> 我不想问什么无聊的问题，但我认为接下来问的这个问题很重要，因为如今的利益相关者之一是股东。到目前为止，特斯拉已经推出了几款车型。你是否可以在特斯拉每周产量达到 3 000 辆或 4 000 辆时通过一些渠道告知我们？我的意思是，你在 Twitter 上十分活跃，那么你能否通过该渠道发布此类信息？因为我们内部对于这一信息的了解是空白的，加上外界又充斥着各种各样的新闻，从而使股票价格产生波动性。即便确实有许多人对你深信不疑，也很难决定是否购买特斯拉的股票。因此，即使我们现在目光不够长远，但我认为及时获得此类信息是非常重要的。所以，这就是我的问题。当特斯拉 Model 3 车型每周产量达到 3 000 辆或 4 000 辆的时候，你能告知我们吗？

马斯克提炼了他的问题并回答道：

> 由于车辆注册和运输管理系统十分完善，因此，我们最多只能保证，我们提供的任何信息会比公开信息提前一到两周。

随后，马斯克又补充道：

> 一条古老的投资格言告诉我们，不应目光短浅，而应将眼光放长远些。我们不在乎也无意于向短期交易者提供他们想要的信息。所以，最好卖掉我们的股票，别买了。

《金融时报》以“异乎寻常”来评价此次季度财报电话会议。特斯拉的股价也在此次会议后下跌了 8%，但很快就恢复了，并最终飙升至极高的水平。

没有多少演讲者能像马斯克那样在霸气回怼提问的投资分析师之后还能不受影响，也没有多少演讲者能像他和纳德拉那样善于倾听和提炼。对于那些不具备此类优秀能力的演讲者而言，答非所问可能会带来灾难性的后果。

1992 年，时任美国总统的乔治・H.W. 布什（常被称为老布什）在竞选连任时就遭遇了这样的事情。

老布什与其挑战者——时任阿肯色州州长的比尔・克林顿和亿万富商 H. 罗斯・佩罗（H. Ross Perot）展开了总统竞选辩论。3 位候选人齐聚弗吉尼亚州里士满大学的罗宾斯中心，进行有史以来第一次市政厅式的总统竞选辩论。在市政厅式的总统竞选辩论中，普通公民可以直接向候选人提问。彼时，一位名叫玛丽莎・霍尔・萨默斯（Marisa Hall Summers）的 26 岁女士进行了提问。

美国广播公司（ABC）新闻频道的卡萝尔・辛普森（Carole Simpson）主持了这场总统竞选辩论。当她邀请现场观众萨默斯提问时，工作人员手执麦克风向萨默斯走过去，并将麦克风举在她面前。萨默斯问道：

国债对您个人生活有什么影响？

当她提问时，老布什抬腕看了看表（见图 6-1）。

图 6-1　老布什在总统竞选辩论会上抬腕看表

萨默斯继续问道：

……如果国债对您没有影响，如果您对普通民众的经济问题无法感同身受，那么您又将如何切实为我们解决这类问题呢？

老布什回答：

嗯，我认为国债影响到了每个人。很明显，它跟利率有很大关系。它有……

辛普森插话道：

她问的是“对您个人生活有什么影响”。

萨默斯的麦克风还在开着，她也再次强调：

您，就您个人而言，它对您有什么影响？

萨默斯问的是“您个人”，而老布什回答的是“每个人”。他没有在听。

辛普森试着帮老布什理解问题：

国债对您个人有影响吗？

老布什这才改变了原来的回答思路，并试图弥补：

嗯，我觉得这肯定是有的。我爱我的孙子们。我希望……

麦克风和扩声系统放大了萨默斯温和的声音，使之响彻整个罗宾斯中心，再沿着巨大的电缆网络传到电视发射器上，继而传进了遍布全国各地的数百万台电视机和录像机中。后人因此得以听见她接下来的那句话：

有何影响？

这句话让老布什中断了回答。他眨了眨眼，然后试图重新作答：

我希望他们有能力承担教育成本。我认为这是为人父母的重要责任之一。如果这个问题……也许我……理解错了。你的意思是不是说，有一定经济实力的人能够不受国债影响？

3 次了，他还是没能理解问题。萨默斯试图重新解释一次，于是稍微提高了音量：

嗯，我想说的是……

老布什选择了放弃，说道：

我不确定我是否理解了……请帮我解释一下，我会再试着回答。

4 次尝试之后，老布什才终于承认自己没能理解萨默斯的问题。而萨默斯则试着将问题阐述得更清楚些：

我的一些朋友遭到裁员。

尽管老布什脸上露出了不耐烦的表情，但还是想让自己看起来像是在认真听着：

嗯。

萨默斯继续说道：

我所认识的人中，有不少人无法负担房贷和车贷。国债对我的个人生活也造成了影响，它对您造成了何种影响？如果国债对您毫无影响，如果您无法对我们的处境感同身受，那您将如何切实地帮到我们呢？

老布什似乎仍不解其意，于是辛普森再次插话道：

我认为她指的是经济衰退，是美国如今面临的经济问题，而不是赤字问题。

老布什似乎觉得清楚了些，于是开始回答：

嗯，听着，你应该来白宫待上一天，听听我所听到的话、看看我所看到的事情、读读我所读到的邮件、接触接触我时不时交往的人。我之前去过洛马克斯教堂（Lomax AME Church）。那是一座黑人教堂，就在华盛顿特区城外。我在这座教堂的布告栏上了解到了少女怀孕、家庭入不敷出等困难情况。我还与那些家长们谈过话。我的意思是，关心是必须的。如果人们过得不好，大家都会关心。

随后，他带着防御意味地提高了音量，继续说道：

但我认为，说“你没有患过癌症，所以你根本无法理解癌症患者的感受”是不公平的。同样，说“如果你没有亲身体验到某事物带来的打击，那你就无法感同身受”也是不公平的。事实上，我们每个人都受到了国债的影响，巨大的国债利息使所有东西都变得更加昂贵。这些利息其实都是从你我口袋里掏出来的。所以，就是这样。

但我认为，如果你是美国总统，你自然也能感受到经济衰退。这也正是我努力刺激出口、打造更多更优秀教育体系的原因。

谢谢你。我很高兴能把话说清楚。

但他并未讲清楚。老布什冗长迂回的回答让人明确感觉到他“根本没有在听”，或者说他完全是“答非所问”。对于一个深陷经济衰退困境的国家而言，萨默斯的问题切中了要害。正如随后的民意调查所显示的那样，此次事件成为支持老布什的票数一路下滑的转折点（见图 6-2）。

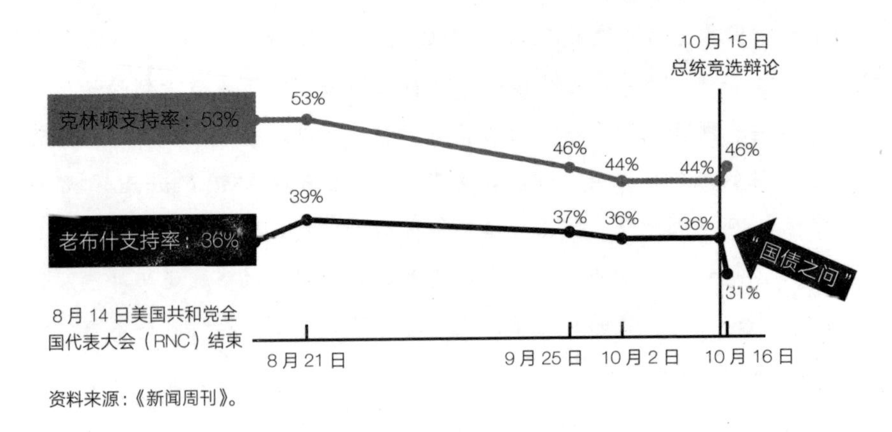

图 6-2　1992 年总统选举民意调查

1992 年 8 月 14 日，当美国共和党召开完全国代表大会，两党的总统候选人正式确定了之后，总统竞选正式拉开帷幕。当天，克林顿以 17% 的优势领先于老布什。造成这种巨大差距的原因之一，是当年美国民主党率先召开全国代表大会，比共和党全国代表大会的召开早一个月。这一个月以来，克林顿频频出现在各大媒体上，使得他的支持率保持领先地位（这也是美国民主党和共和党召开全国代表大会的先后顺序每四年调换一次的原因）。

随后，经过媒体对共和党全国代表大会一周的报道，老布什的支持率出现了"反弹"。8 月 21 日，老布什与克林顿的支持率差距缩小至 14 个百分点。在接下来的几周时间里，老布什的支持率一直保持稳定。同时，7 月退出竞选的佩罗在 10 月又决定重新参加竞选。这些因素导致克林顿的支持率急剧下降，竞选随之进入白热化。

10 月 15 日市政厅式总统竞选辩论那天，萨默斯提出了对竞选产生决定性影响的“国债之问”。第二天，老布什和克林顿的支持率就开始背向而驰，差距不断拉大，直至克林顿 11 月当选美国总统。

与“抬腕看表”一样，老布什的“答非所问”同样带来了巨大的破坏性后果，甚至更严重。没错，当萨默斯提问时，老布什的确看了看手表，给观众留下了他“根本没有在听”的印象，不过，此举之后，他原本可以利用佩罗回答问题时的 55 秒时间来力挽狂澜，想出一个更好的回答，但他没有。萨默斯本就是面向三位候选人发问的，而佩罗率先回答了问题。

在下一章中，你将会读到，佩罗不仅认真听取了问题，还给出了详细的回答，克林顿也是如此。在此，我们暂且先不探讨他们两位的表现，而是更深入地观察一下老布什与萨默斯的交流动态。

不要在瞄准前扣动板机

老布什令人摸不着头脑的回答引发了一场雪崩，使之失去了连任的机会。老布什的表现是“准备，开火，瞄准”的典型例子，即他在瞄准目标之前就扣动了扳机。

在本章之前，我们讲到演讲者通常会以最大的诚意去对待观众，也会在尚未理解一个复杂问题时急于给出答案。然而，急于给出答案还存在另外一个原因：以结果为导向。其实，“以结果为导向”在商业领域通常来说是一种优势，然而在问答环节中恰恰相反。

和其他商界人士一样，你的大部分工作时间，甚至大部分醒着的时间都花在了解决问题上。因此，每当遇到问题时，你会不自觉地想要立刻提供答案。但这种一触即发式的回答，反而增加了提供错误答案的风险。

电视和广播公司深谙此道。因此，他们会在直播节目中做 7 秒的延迟处理，以及时监测、修改不便播出的内容，例如，超级碗（Super Bowl）大赛上演出时突然走光的画面，或者奥斯卡颁奖典礼现场获奖者接受采访时因激动而“飙脏话”的情形。

一触即发式的回答属于坏习惯，像拖延一样有弊无利。坏习惯难改，但必须改，因为每种坏习惯都会带来恶果。沿用“开火”的比喻，我们可以认为坏习惯有引发“炸膛”的危险。像对待任何坏习惯一样，我们需要用积极的行动来做出改变，第一步便是倾听。

在下一章中，你将学习如何通过“积极倾听”（Active Listening）来做出改变，并将了解到佩罗和克林顿是如何展示这种技能，以及老布什是如何离最终理解只差一步的。在接下来的章节中，你还将学习如何给出妥善、合理的回答。在后文中，你将了解到老布什原本有机会做出何种不同的反应。

本书刻意没有在此处针对“如何回答”向读者提供指导。这是专门为了在“观众的问题”和“你的回答”之间制造间隙而设计的。“答非所问”的误区不仅导致老布什在选举中惨遭失败，也可能会使你在商界无法达成交易。而当你学会了在上述间隙中如何行事时，你便能避免踏入该误区。

TIPS

魏斯曼
完美演讲

尊重观众是演讲者必备的态度，很多时候，演讲者急于取悦观众，在没有理解问题的情况下就开始回答，或者以结果为导向回答问题，这反而会增加提供错误答案的风险，从而让演讲者犯下“没有在听”之罪。

IN THE LINE OF FIRE

HOW TO HANDLE TOUGH QUESTIONS... WHEN IT COUNTS

第 7 章

学会积极倾听

> 大自然赋予人类两耳一嘴，好让我们少说多听。
>
> ——伊壁鸠鲁

在听问题的时候不要去想答案

让我们把目光投向你接下来的这次重大演讲，并假设此次演讲精彩绝伦，一切都很完美：你清晰明了、自然流畅地阐述了自己的观点；你播放的 PPT 堪称专业水准；你的表达极具权威；场下观众对你的演讲赞叹不已，而且史无前例的，没有人在你的演讲过程中打断你。

现在，你开始通过邀请某位观众提问来开放发言权，这便是“问答的循环”的第一步。

当这位观众开始提问时，他的话像是希腊语那样让你难以理解。他口中的个别词语表明，所提问题的确与你刚刚所做的演讲有关，但他含混不清的表述，使你无法抓住重点。而习惯“以结果为导向”的你，正急于给他提供一个答案。

这便是老布什在那场总统竞选辩论会中的遭遇。他想回应萨默斯，却答非所问。萨默斯既没有问及他的孙子或少女怀孕的问题，也没有问及华盛顿特区城外的一座黑人教堂。

她想知道什么？老布什应如何回应？换作是你，你又将如何回应？

停！刹住。在听问题的时候不要去想答案。如果你此时去思考答案，那便等同于在耳朵里堵上了塞子，等同于无视古希腊哲学家伊壁鸠鲁的建议，而直接踏入了“准备，开火，瞄准”的误区。

相反，要去倾听。倾听关键议题，倾听用于确定问题本质和核心的关键词。

但现实是，关键议题往往藏在层层缠绕、如同线团般难以厘清的一大段话语之中，其中大部分内容是由快思考产生的无关、随机的想法。

这些想法中还包含自我意识的觉醒。每当某位观众开始提问时，场上其他人都会转过头来看向他。在那一刻，准备提问的观众会想：“哎呀！大家都在看着我！我最好别犯口吃。”

这便是主持人邀请萨默斯提问时所发生的事。这并非推测，因为几年前，我有幸与萨默斯交谈过一次。彼时，由于她获知我在公司的培训项目中、在本书的前两个版本中均提及过那场重要的总统竞选辩论，所以主动联系上我。在我们交谈时，我问她当时是否感到紧张，她承认的确如此。

情感这一因素同样在萨默斯构思问题时对她产生了影响：

> 我的一些朋友遭到裁员。我所认识的人中，有不少人无法负担房贷和车贷。国债对我的个人生活也造成了影响……

最后一项使问题更加复杂化的因素是错误信息。萨默斯混淆了国债和经济衰退，而辛普森则试图澄清：

> 我认为她指的是经济衰退，是美国如今面临的经济问题，而不是赤字问题。

虽然很少有人能有机会在国家电视台黄金时段直播时向总统候选人提问，但这些人中大多数在提问时都处于快思考和紧张状态。这正是为何他们的问题听起来毫无头绪、杂乱无章，为何关键议题总是被层层乱麻缠绕着，令演讲者无法理解。

你所面临的挑战和彼时老布什所面临的挑战一样，即如何解开层层乱麻。通过抽丝剥茧，你便能看到问题的关键所在，即罗马柱。

练习“找出罗马柱”

请重温第 6 章中在面对微软的纳德拉和特斯拉的马斯克时，两名投资分析师分别提出的长问题，并试着在他们的提问中找出罗马柱。然后，仔细阅读两位首席执行官的回答，观察他们二人是如何清楚地识别出关键议题的。

接下来，让我们回顾萨默斯所提出的问题，请试着找出其中的罗马柱。这一练习将更具挑战性，因为彼时的老布什未能成功而佩罗和克林顿都成功了。我先卖个关子，你将在本章后面看到他们给出的回答。

如果你找出了罗马柱，请将其写在本页的空白处。

确定罗马柱

投资分析师向纳德拉提出的问题中有两个罗马柱：微软的差异化（公司如何在危机时期帮助客户），以及微软的长期发展和前景（危机将对微软的营收带来何种影响）。

纳德拉在回答中完整地覆盖了这两个关键议题：

> 总的来说，我们秉持的态度以及采取的方式，是在客户最需要我们的时候为他们提供服务。因此，我们并不会怀着这究竟能给我们带来多少收益的心态来提供服务……

投资分析师向马斯克提出的问题中，罗马柱是关于特斯拉 Model 3 车型的产量信息更新时间。

马斯克同样清楚地回答了这一点：

> ……我们提供的任何信息会比公开信息提前一到两周。

萨默斯问题中的罗马柱（"……如果您无法对我们的处境感同身受，那您将如何切实地帮到我们呢？"），指的是"如果候选人对国家的经济问题没有亲身体验的话，将如何解决这些问题"。

你刚刚写下的罗马柱正确吗？如果不正确，也大可不必担心。每当在培训课程中播放那场总统竞选辩论会的视频时，我都会暂停一下，向参与者抛出同样的问题。多年来，我邀请过大量参与者重复这一练习，然而大约只有四分之一的人能够找出正确的罗马柱。其余的人都被关于国债和经济衰退的讨论带偏了。他们认为，该问题的罗马柱只涉及国债或经济衰退对候选人个人生活的影响。这很接近，但还不够。关键在于：你将如何帮助我们？

萨默斯问题中的“如何”正是她在场上为阻止老布什答偏而说的词，但她还问了另一个“如何”，即这些经济问题是如何影响候选人的个人生活的。后者虽然在她的提问顺序中排在前面，却并非她最关心的问题。她最关心的问题在于：在三位候选人中，有两位是千万富翁，还有一位是担任过两届州长的职业政治家，他们在对经济困难显然没有亲身体验的情况下，能否为国家的经济问题提供解决方案。

萨默斯提了两次问题，并先后用了“解决这类问题”和“帮到我们”来表达她的诉求。第一次是在老布什抬腕看表时，她问道：

> 国债对您的个人生活有什么影响？如果国债对您没有影响，如果您对普通民众的经济问题无法感同身受，那么您又将如何切实为我们解决这类问题呢？

第二次是在老布什 4 次尝试但仍没理解萨默斯的问题时，她再度解释道：

> ……它对您造成了何种影响？如果国债对您毫无影响，如果您无法对我们的处境感同身受，那您将如何切实地帮到我们呢？

实际上，老布什在与萨默斯的交流中，曾两次触及她的主要关切点。第一次是在努力理解她的问题时，他问道：

> ……你的意思是不是说，有一定经济实力的人能够不受国债影响？

但他对此问题的回答饱含防御和消极意味，以至于将自己逼到了角落，再也无法抽身。于是他干脆选择放弃，并要求萨默斯重新陈述她的问题。在她重述问题之后，他又围绕“能否感同身受”再度给出了含混不清的回答：

> 但我认为，说“你没有患过癌症，所以你根本无法理解癌症患者的感受”是不公平的。同样，说“如果你没有亲身体验到某事物带来的打击，那你就无法感同身受”也是不公平的……

他用两个“无法”、两个“没有”和两个“不”给回答定下了负面基调，还提到了一种不治之症。这就使他再也无法将消极回答扭转为积极回答。

事实上，3 位候选人都没有针对“能否感同身受”这一问题作答，而是直接谈到了他们的解决方案。这种回答是可接受的，因为萨默斯所寻求的正是“普通民众经济问题的解决方案”。

现在让我们看看佩罗是如何回答的。

当萨默斯提问完之后，佩罗就自告奋勇：

> 我来回答好吗？

辛普森同意了：

当然，佩罗先生，当然可以。

但佩罗还是向萨默斯确认道：

你希望谁先回答？

萨默斯解释道：

我是向你们3位提问的，所以……

佩罗接过发言权：

虽然竞选总统扰乱了我的私人生活，也扰乱了我企业方面的公务，但我仍选择继续参加竞选，因为我关心这件事……我希望在座的年轻人能够像我当初一样，从只有一个想法开始，创立自己的企业。但创立企业必须拥有一个健康的经济环境，如果你负债，那便如同被套上了镣铐。

这时，镜头切到萨默斯点头表示认同的画面，而佩罗继续说道：

我只是认为，所有年轻人都应像我当年那般幸运，这是我欠他们的。就我个人而言，这是我欠孩子们和孙子们的。

尽管佩罗以清晰明了、富有同情心并且十分切题的方式做出了回应，但当接下来轮到老布什时，他依然答非所问。这导致萨默斯和主持人不得不屡次打断他的发言，他也因此给人留下了一个“根本没有在听”的印象。

对老布什来说，更糟糕的还在后面。当他以含混不清的回答结束这场尴尬的交流之后，轮到克林顿作答了。作为时任总统的老布什走回座位，而作为挑战者的克林顿正好从座位上起身，朝萨默斯走过去，面对面地对她说道：

> 请再告诉我一次，国债对你产生了何种影响。

他的做法让萨默斯一时间不知所措，她迟疑道：

> 呃……

克林顿继续向她走过去，并帮她回忆道：

> 你认识的人中，有些人失去了工作和住所。

她表示认可：

> 嗯，是的，没错。

“嗯，是的，没错。”等同于在说：“你的确在听！”在这一关键时刻，克林顿与老布什形成了鲜明的对比，也正是在这一关键时刻，这位黑马挑战者以牺牲现任总统的利益为代价而取得的胜利局面已经形成。

这一时刻已经酝酿了很久。克林顿的眼神交流和肢体语言均是经过精心设计的。正如克林顿的竞选经理詹姆斯·卡维尔（James Carville）在回忆录中所述：

> 我们确实做过此类练习，我们要求州长从座位上起身，走到台下与提问者近距离互动……我们总是提醒他：“去和提问者面对面地交流，去认真倾听他所说的内容。”

当听到萨默斯说“嗯，是的，没错”时，克林顿便抓住了主动权，并一发而不可收：

> 我在一个小州担任了12年的州长，不妨让我来讲讲国债给我带来了什么样的影响。每年，国会和总统都会签署法令，要求我们做的事越来越多，但给我们拨的款越来越少。

随即，克林顿开始加快回答速度，并让自己的观点与萨默斯的观点保持一致：

> 我们州的普通民众、普通中产阶级，面对的是更加高昂的税收和更加糟糕的服务；富人们却能够享受减税。我目睹了过去4年中我们州所发生的一切。我认识了很多人，他们有的丢掉了工作，有的经营的工厂惨遭倒闭，有的管理的企业不幸破产。
>
> 自10月以来，我已经陆续参加了13个月的和这场总统竞选辩论会类似的会议，与会者也都是像你们这样的人……

当克林顿说到“像你们这样的人”时，镜头切换到萨默斯默默点头的画面。此举等同于她俯身对着麦克风又说了一次：“你的确在听！”

克林顿继续说道：

> ……还有那些失去工作、失去生计、失去医疗保险的人。但我希望你们能理解，国债并不是造成这种困境的唯一因素。

尽管在老布什作答时，辛普森发现萨默斯混淆了国债和经济衰退，于是委婉地纠正了她的说法，但克林顿还是借机重复了她的原话——国债。如此一来，他就不是在纠正她，而是在认可她的说法。然后克林顿继续说道：

> 我们之所以深陷经济困境，是因为美国没有投资于人民，我们没有发展，以及我们实行了12年的“涓滴经济”政策。我们的工资水平从世界第一降到了第十二。我们连续4年没能在私营企业中创造出新的就业岗位。相比于10年前，大多数人的工作强度增加了，收入却减少了。

那一刻，电视镜头给了老布什一个特写。他脸上吃惊的表情清楚地表明了他深知克林顿正在用话语为自己赢得票数。克林顿接着说道：

> 这是因为我们正为一种错误的经济理论所控制。而我们即将做出的决定，应该是想用哪种经济理论来指导经济政策。我们不应空泛地说“要去解决问题”，而应切实搞清楚究竟应当采取何种措施。我认为我们需要做的是，大力投资美国的就业市场和教育体系、控制医保成本，让美国人民再次团结起来。

克林顿找准了萨默斯问题中的两个罗马柱，并针对每个罗马柱做完整的回答。从第一个罗马柱——国债对他个人有何影响开始：

> 我在一个小州担任了12年的州长，不妨让我来讲讲国债对我产生了什么样的影响……

他在回答即将结束时，又针对第二个罗马柱给出了他的解决方案，并以动词形式清楚地表达了方案中的措施：

> ……我认为我们需要做的是，大力投资美国的就业市场和教育体系、控制医保成本，让美国人民再次团结起来。

实际上，老布什在回答即将结束时，同样表达了自己的感受，也提出了自己的解决方案：

但我认为，如果你是美国总统，你自然能感受到经济衰退。这也正是我努力刺激出口、打造更多更优秀教育体系的原因。

但该解决方案直到他长达70秒的回答接近尾声时才出现，早就为时已晚。在此之前，他经历了错误的开始、4次失败的尝试、2次被打断、1次离题的讨论和1次不着边际的漫谈。尽管克林顿和佩罗也是在回答即将结束时才谈到他们的解决方案，但他们都是以第一人称讲述亲身经历开始作答的，从而回应了萨默斯对他们“能否感同身受”的担忧。而老布什一开始就谈到了所有人：

嗯，我认为国债影响到了每个人……

实际上，老布什通过这种概括性的表达，将自己与经济问题拉开了距离。更糟糕的是，此举等同于忽略了萨默斯所提问题中的一个罗马柱，使她不得不再度提出跟进式问题。这无疑给观众留下了他“根本没有在听”的印象。试想一下，如果老布什一开始就用其结束语作答的话，效果可能大不一样：

我正试图通过刺激出口、增加投资和改善教育系统来做点什么。

当克林顿从座位上起身朝萨默斯走过去并说“请再告诉我一次，国债对你产生了何种影响”，并帮她回忆“你认识的人中，有些人失去了工作和住所”时，萨默斯不由自主地回应道：“嗯，是的，没错。”3句话之后，当他以“不妨让我来讲讲国债给我带来了什么样的影响”开始他的回答时，他向观众发出了他“的确在听”的信号。

在问答环节中，请尽量效仿克林顿的做法：通过仔细倾听观众的问题，获得类似认可式反应。

默读问题的关键词

默读是一个能让你实现主动倾听的最简单方法，即无声地对自己说出你所听到的话、向自己默读能代表罗马柱的词。例如，“他的提问是关于竞争”、“她关心的是成本”或“他想了解的是时机问题”等。默读这些问题，能够阻止你的大脑去思考答案。

事实上，老布什在第3次尝试回答“国债之问”时，以反问句的形式大声问出了他本应向自己默读的问题：

> 你的意思是不是说，有一定经济实力的人能够不受国债影响？

然而，萨默斯所关心的问题远不止如此。因此，他并没有像克林顿那样，得到类似于“嗯，是的，没错”的肯定。紧接着，他没有继续尝试弄清关键问题，而是直接选择了放弃：

> 我不确定我是否理解了……请帮我解释一下，我会再试着回答。

这给我们带来的教训是：认真倾听问题中的罗马柱，并不断向自己默读；通过默读，抓住问题中能表达议题的一两个名词或动词，直到你提炼出中心思想；在尚未完全确定你理解了对方问题中的罗马柱之前，切勿急于思考如何回答。

用体态倾听表达你的关注

积极倾听的另一个重要部分是用体态来表达你的关注。还记得第 6 章中的练习吗？该练习让我们清楚地看到了，在倾听时做出懒散的姿势会给沟通带来巨大的负面影响。为了避免踏入该误区，你不仅需要集中精力思考他们的问话，还需要通过体态、神情表现出你的专注。

- **眼睛**。眼神是人际交往中最为重要的因素。Suasive 公司用于表达这一关键动态的术语是“眼神交流”（EyeConnect ®），而非眼神接触。我在《魏斯曼的演讲大师课 4》一书中解释了两者的区别。简单来说，眼神交流是一种持续时间更长、目的性更强的互动。当你与观众面对面沟通时，你需要将目光牢牢锁在提问的观众身上，以实现眼神交流。当你开展线上演讲时，则需要进行“摄像头交流”（CamConnect sm），即目光直接看向网络摄像头，以便让观众感觉到你正在看着他们。
- **姿态**。将身体重心均匀地放在双脚上以站稳。如果是坐着开展线上演讲，那就按照你母亲经常提醒的那样：坐直了。
- **手指**。现场的紧张气氛常常会使演讲者的手指不自觉地动来动去。如果你也存在这种情况，一个简单的办法是将指尖迅速捏在一起，用短促的压力来缓解自身的紧张感。
- **头部**。用点头的动作来表示你正在接受对方的信息。
- **声音**。不时说几句“没错”或“嗯”，表示你正在认真倾听。

克林顿刻意“从座位上起身，朝萨默斯走过去”，此举清楚地表达了他是全身心地参与到此次沟通之中的。佩罗虽然在回答时并未走下台，但他大部分时间都是直接面向萨默斯作答。而老布什虽然也是直接面对她作答，但他经常转过身去，面朝其他观众讲话。

作为私募股权投资公司凯雷投资集团（Carlyle Group）的联合创始人兼董事总经理，戴维·鲁本斯坦（David Rubenstein）为我们树立了榜样。他为我们展示了在商界如何做到“体态倾听”。

鲁本斯坦在彭博电视台（Bloomberg Television）拥有一档自己的访谈节目。作为该节目的主持人，他工作中的一个重要部分就是倾听。鲁本斯坦在牛津辩论社（The Oxford Union）发表过演讲。演讲结束后，他邀请学生们自由提问。随后，一名学生问了一个冗长而含混不清的问题，令鲁本斯坦的倾听能力受到了考验：

> 东西方关系中的一个关键问题是合作方面的空缺。我相信你肯定知道，有许多西方公司，尤其是美国公司，在某些亚洲国家处境艰难。但关于如何在这些国家经营，凯雷投资集团显然有着自己的经验。我想问的是，在美国公司去与当地政府打交道之前或接触其他方面的事务之前，你有哪些建议？

作为“体态倾听”的完美范例，鲁本斯坦在整个冗长的提问中一直与这名学生保持近距离接触，并反复点头，不时地发出几声“嗯”，表明他正在积极倾听。

虽然“嗯”听上去寡然无味，却能有效地表达肯定。不仅在问答环节如此，在人际交流中，“嗯”也能起到很好的效果。

畅销书作家兼《纽约时报》专栏作家戴维·布鲁克斯（David Brooks）就曾描述了在交谈中不时地表达肯定的好处：

> 我有一位朋友，他在聊天时听对方讲话就像教徒在教会聆听布道那样，不停地用“阿门”和赞语来表达肯定。效果妙极了！

当你倾听别人提问时，你无须夸张到用“阿门”的程度，不时说几个“嗯”就已经足够了。

现在让我们回到你将发言权交给提问者的那一刻。假设你已经认真倾听、专心默读了问题，也已经以“嗯”的语言和点头的动作表达了肯定，但还是无法理解对方的意思。你该怎么做？

主动揽下不理解问题的责任

老布什一开始犯下了“不理解问题就开始作答”的错误。随后，他又犯下另一个更致命的错误，针对萨默斯的问题向她提问：

> ……你的意思是不是说，有一定经济实力的人能够不受国债影响？

当演讲者针对观众的问题提问时，等同于他突然将发言权再次交给了观众。紧接着，双方的沟通可能会往离题、质疑、误解、厌烦等不同方向发展，其中大多数方向都是危险且消极的。对观众的问题进行提问，就如同会议主席突然将决定权交给观众。

销售人员会经常使用到一个技巧，即通过开放式问题来识别出有真正购买意向的客户。他们最常提出的开放式问题包括："你为什么想问这个问题？"这便是针对对方的问题提问。虽然此举在销售活动中行之有效，但在演讲的问答环节中往往会起到完全相反的作用。演讲者的任务是让观众理解演讲内容，而不是去判断观众是否有诚意。

简而言之，永远不要针对观众的问题提问。

老布什针对萨默斯的问题向她提问后，萨默斯给出了回应：

> 嗯，我想说的是……

她在"说"这个词上提高了音量，沮丧感尽显无遗。对于处于类似情境中的观众而言，他们更常用的表达方式是："嗯，我真正想问的是……"在这种表述中，观众通常会将重音放在"真正"一词上。这种通过重读表达强调所带来的烦躁感，会像野火一样在观众心中迅速蔓延。而在上述总统竞选辩论的案例中，观众是电视机前正在观看会议的数百万选民。

有些演讲者在尚未理解问题时，会犯下试图换种方式表述问题的错误。他们会说："请听一下我的理解是否正确。"这无疑使提问者有机会说："不，你理解错了！"换言之，即你"根本没有在听"。

有些演讲者则会犯下"装傻"的错误，这种错误常见于当某位观众提出了一个敌意满满的问题时，尽管在场的每个人都清楚地听到了这个问题，但演讲者显然被打了个措手不及，只好试图通过强装无辜来恢复镇静："你能重复一下你的问题吗？"这显然是在装傻。

还有些演讲者甚至会硬着头皮将自己根本没有理解的问题回答完，这自然会招致提问的观众怒目而视。还有许多演讲者喜欢问："我这么说，回答你的问题了吗？"或者"你问的是……吗？"如果演讲者这么问，无疑给了观众否定的机会，从而向观众传达出你"根本没有在听"的信息。

在演讲中，请不要使用下列表述：

- 请听一下我的理解是否正确。
- 你能重复一下你的问题吗？
- 我这么说，回答你的问题了吗？
- 你问的是……吗？

如果你实在未理解问题，那就请观众予以澄清。该策略被称为"退还寄件人"(Return to Sender)。美国邮政局正是以这种方式来处理因地址不详而无法投递的邮件的。同样，你也可以用这种策略来应对语意不详的问题。与其试图换种方式表述观众含混不清的问题，不如直接将发言权还给观众：

对不起，我没听懂。你能否重述一下你的问题？

请注意句子中的"我"。通过使用第一人称，演讲者主动揽下了"不理解问题"的责任，从而卸下了观众"没有表达清楚"的责任。因此，观众很有可能会重新思考自己所提的问题，并以更清楚的方式重述。

在牢牢掌握关键议题后，再开始作答

在美式橄榄球比赛中，一项衡量成绩的重要统计数据是"持球跑码数"

（Yards After Catch，YAC）。“持球跑码数”指的是接球手接到传球后持球跑的码数。出色的接球手在接到传球后，通常能够跑很长一段距离，而稍微逊色的接球手，往往在还没接到传球时，目光就偏离了目标，急着开跑。这就使他们接不到传球，从而无法获得码数。

将 YAC 的比喻用在这里相当贴切。在没有接到传球之前，不要急于开跑，同样，在没有完全理解问题中的罗马柱之前，不要急于作答。

你可以通过“积极倾听”或者“退还寄件人”的方式去确定问题中的罗马柱。但无论如何，你都必须在牢牢掌握了关键议题之后，再开始迈入“问答的循环”的下一步：重掌发言权。

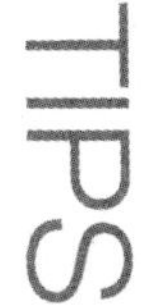

魏斯曼
完美演讲

倾听关键议题，倾听用于确定问题本质和核心的关键词。向自己默读能代表罗马柱的关键词，并且用体态倾听表达你的关注。

IN THE LINE OF FIRE

HOW TO HANDLE TOUGH QUESTIONS... WHEN IT COUNTS

第 8 章

充分利用缓冲的力量

> 不战而屈人之兵，善之善者也。
>
> ——《孙子兵法》

不要反驳或重复充满敌意的问题

让我们回到你邀请场上某位观众提问的那一刻。假设你已经倾听完观众冗长而含混不清的问题，也已经通过自己的努力或是观众的重述确定了问题中的罗马柱。作为一个以结果为导向的人，当你重掌发言权时，你会急于向观众提供答案。

假设第一位观众抛向你的问题如下：

> 稍等！你明明告诉我，你们的产品能帮我们省钱，给出的价格却是竞争对手的两倍！这也太离谱了！你们凭什么定这么高的价格？

假设你的回答如下：

> 您仔细想一下就会发现，我们所提供的解决方案从长期来看

更加划算。

就在你刚刚触碰火线的这一关键时刻，在你对观众的第一个问题进行第一次作答时，你就在暗示观众的观点是错的。毕竟，观众明确指出你们给出的价格太高，而你在答案中则明确表明价格不高，不仅如此，事实上，你们给出的价格还相当便宜。

这样的回答会惹恼所有观众，使他们认为你十分好辩。如此一来，作为潜在客户的观众将不太可能购买你的产品，因为你的消极行为给他们带来了一种消极的感受。正如在财报电话会议上对高盛分析师破口大骂的首席执行官冈卡尔维斯，他的负面行为直接导致克利夫兰-克里夫斯公司股价的跌幅立刻超过了 6%。

演讲者在问答环节中还会经常采用另一种方式——重复问题。然而，如果有观众问："你们凭什么定这么高的价格？"而你重复这个问题道：

我们凭什么定这么高的价格？

那么你无疑是在证实对方的说法，即你们的产品的确价格过高。此时，观众会认为你已经承认了。用深夜档电视喜剧演员的话来说，就是"说中了吧"！

更糟糕的是，当你以重复对方的负面说法来开始回答某个问题时，你接下来很有可能会以"您仔细想一下就会发现，我们所提供的解决方案……"这样的理由来为自己进行辩护。此言无疑是在暗示对方不了解商业的运作方式。

上述反应，让你就像在负重攀登一座非常陡峭的山，进行一场漫长而艰难的跋涉。

因此，当你被问到一个尖锐问题时，既不要反驳，也不要重复，而是要遵循本章开头引语中孙武的策略。

如今，许多企业的书架上都放着一本有着 2 500 年历史的中国古典军事著作——《孙子兵法》。作为一位军事家兼哲学家，孙武的思想理念不仅成为 21 世纪人们用于解决生活中各种冲突的宝典，更是大家公认的应对商业战斗的宝典。他的“不战而屈人之兵”的理念，对如何处理尖锐问题给出了完美的解答。

“战”意味着展现出推诿逃避式、恶斗到底式反应。正如你在本书中所读到的那样，麦奎尔、斯顿夫、拉扎里迪斯和冈卡尔维斯均有过此类表现。他们因消极行为给观众带来了消极的感受而在各自的战场上溃败。

争辩极具破坏性，因为它代表着失去控制。要想给观众留下积极印象，就永远不要对尖锐问题做出愤怒的回应；相反，你需要以坚定而冷静的态度去利用缓冲来做出回应。

利用关键词进行缓冲

就像重型机械需要使用弹簧或其他装置来缓冲对立部件或力的影响一样，你同样需要使用修辞手段来缓冲言语挑战带来的冲击力。在问答环节，这种手段就是缓冲，即用一两个关键词去确定问题的实质和核心。我们在第7章“积极倾听”中讲述过如何从观众冗长而含混不清的问题中提取出关键词，而这些关键词正是缓冲。缓冲本质上是对罗马柱的陈述，是一种对问题的终极提炼术。通过只使用一到两个关键词，你便可以去除问题中的消极词语，化解敌意。以本章开篇的问题为例：

> 稍等！你明明告诉我，你们的产品能帮我们省钱，给出的价格却是竞争对手的两倍！这也太离谱了！你们凭什么定这么高的价格？

关键词是“价格”。只是价格，仅此而已。既不是“两倍”“离谱”，也不是“凭什么定这么高”。缓冲如下：

> 我们的定价理由是……

请注意，缓冲中既没有承认观众所说的价格太高属实，也没有通过指出“我们所提供的解决方案从长期来看更加划算”来反驳观众的观点。

如此一来，我们就通过缓冲实现了孙武的战略理念，这种理念是源于一种“与其硬碰硬，不如以柔克刚”的武术基本原则。

消除质疑之声后，你便可以在既没有承认也没有反驳的情况下直接作答。你只需要针对价格本身作答，而无需讨论它是否太高或太低。本书将在第12章中给出具体的回答技巧，但此处，不妨让我们先来深入了解一下图8-1中的缓冲法。

图 8-1　缓冲定位图

图中间的亮区是安全区，两边的暗区则是危险区。你的目标就是将罗马柱定位在安全区内。

如果你在回答过程中对尖锐问题进行了反驳，如“您仔细想一下就会发现，我们所提供的解决方案……”，那么你将落在右边的危险区。因为你的答案无疑是在暗示，你们的解决方案值得他们付两倍的钱，从而反驳了观众的说法。此时，观众会认为你好辩，因此不想与你谈交易。

如果你重复这个具有挑战性的问题，如：“我们凭什么定这么高的价格？”那么你就会落在左边的危险区。因为你的答案无疑证实了你们的产品的确定价过高。此时，观众会认为你承认价格过高。

通过只对价格进行缓冲，你可以在回答中解释你的理由，而不必去处理“价格是否过高”“产品是否值得他们付两倍的钱”等问题。

缓冲还有另外两个重要好处：一是它能将冗长而含混不清的问题提炼成一个清晰的概念，供其他观众参考；二是于你而言，它为你作答提供了提示。

在本书第 4 章中讲述过尖锐问题的七大普遍议题。你可能注意到了，上述问题恰好是其中的第一个。方便起见，此处予以重复：

- 价格或成本
- 竞争或差异化
- 资历或能力
- 时机
- 增长或展望
- 突发状况
- 疑虑

前四个议题是最常被问及的尖锐问题；后三个议题也极具挑战性，但相较于前四个，观众提问时通常没有那么咄咄逼人。

不妨让我们从最具敌意的议题开始，探讨究竟应如何利用缓冲来应对这七大普遍议题。

7 大普遍议题的缓冲

价格或成本

本章中我们引以为例的问题可能会是某位作为潜在客户的观众向演讲中的销售代表抛出的问题：

稍等！你明明告诉我，你们的产品能帮我们省钱，给出的价格却是竞争对手的两倍！这也太离谱了！你们凭什么定这么高的价格？

你可能会注意到，我通过使用严厉的措辞刻意夸大语气中的敌意，以提升火力值。请记住，你是在为最坏的情况做准备。因此在后续所有议题中，我都会将问题的火力值拉满。

在上述情况中，缓冲如下：

我们的定价理由是……

竞争或差异化

如果你是一家初创公司的首席执行官，风险投资家可能会问你：

市场上有几十家初创公司，甚至还有那些已经拥有稳定市场份额的大公司与你们公司同台竞争！你面对的是许许多多可以为所欲为的行业巨头，而你们公司才刚刚起步！你凭什么认为你们公司能够在这种商业环境中生存下去？

同第一个问题的回答方法一样，如果你回答你有竞争优势，或者像某些演讲者那样给出自以为是的回答“我们之所以能够赢得竞争……”，那么你无疑是在反驳提问者的观点；而如果你在回答中用“生存”一词来重复对方的提问，那么你无疑是在承认你们公司能否生存下去的确值得怀疑。

关键词是“竞争”或“差异化”，仅此而已。你只需处理你们将如何参与竞争的问题，无须回答你们是否具有足够的竞争力。

缓冲如下：

我们参与竞争或实现差异化的方式是……

资历或能力

在 IPO 路演中，机构投资者可能会问身为首席执行官的你：

你将一个艰难生存的初创公司打造成了一个开始盈利的有力竞争者，做得相当不错，而且你之前在微软和亚马逊的工作经历也都堪称完美，但是，你从未经营过一家上市公司。这是一个完全不同的赛场，这里有着一套完全不同的规则。你凭什么认为你能够在没有任何经验的情况下经营好一家上市公司？

如果你回答你完全有信心能够做到，那么你无疑是在反驳提问者；而如果你以“让我有所顾虑的是……”之类的话重复对方的问题，那么你无疑就证实了对方认为你不够格的想法。

关键词是“能力”或“资历”，仅此而已，而不是“没有任何经验”。

缓冲如下：

我的资历包括……

时机

如果你是一家初创公司的首席运营官，商业记者可能会问你：

> 同一领域的其他公司都早已开始融资以加大销售力度，将产品推向市场，而你们公司一直以来都是在资金极为有限的情况下开展运营工作，直到现在才开始寻求融资，看上去可能已经错过了时机。你们为什么花了这么长时间才决定融资？

如果你回答现在才是寻求融资的最佳时机，那么你无疑是在反驳提问者的观点；而如果你重复这个问题，说“为什么我们花了这么长时间”，那么你无疑又是在承认对方说得没错，表明你们公司的融资时间的确已经太晚了。

关键词是“时机”，仅此而已，而不是“错过了时机”、“太晚了”或“这么久”，因为这些词都表明你承认了对方的说法。

缓冲如下：

> 我们之所以在这个时候寻求融资，是因为……

还有一个与此类似的问题。如果你们公司正在举行 IPO 路演，那么潜在投资者可能会问身为首席执行官的你：

> 你们公司发展得很快、势头很猛，现在你又打算将公司上市。而投资者往往喜欢看到长期稳定的历史业绩。此外，股票市场如今正经历着持续的大幅度波动，投资者大都处于观望状态。你为何不等你们公司再多积累几个季度的营收记录，等股票市场稳定

下来再行动呢？

同样，如果你回答现在正是上市的绝佳时机，那么你无疑是在反驳提问者的说法；而如果你重复对方的问题，说“我们为何不等……”，那么你无疑又是在承认对方的说法，表明你们的行动的确有些仓促、有些为时过早。

关键词是“时机”，仅此而已。

缓冲如下：

我们之所以选择这个时候上市，是因为……

请注意，针对所有尖锐问题的缓冲，我将问题的本质提炼成了某个不再带有消极感情色彩的名词或动词：

- 价格
- 竞争
- 资历
- 时机

接下来，让我们再来探讨如何利用缓冲来应对另外三大普遍议题。

增长或展望

如果你是销售部的执行副总裁，某位董事会成员可能会问你：

你打算如何实现新的延伸目标？

由于此问是在询问你的规划，因此，缓冲如下：

我们的中长期规划是……

上述问题还有一个更具挑战性的形式。如果你是一名产品经理，而你的产品迟迟未能上市，那么副总裁可能会问你：

你打算怎样确保这种情况不再发生？

此处的缓冲与上个问题的缓冲相同，这样的缓冲既消除了对方对延迟上市的顾虑，又阐明了你的解决方案：

我们的中长期规划是……

突发状况

如果你是一名战略副总裁，分析师可能会问你：

如果你们的产品未能及时推出，那你打算怎么做？

缓冲如下：

我们的后备计划是……

还有一个类似的问题。如果你是一家初创公司的首席执行官，董事会成员可能会问你：

如果没能获得融资，你打算怎么做？

缓冲如下：

我们的替代计划是……

疑虑

如果演讲旨在向观众发出行动的号召，那么观众自然会想要知道行动中可能存在的风险、缺点、陷阱或问题。随着时间的推移，观众关心的此类问题通常以这一形式提出：

是什么让你夜不能寐?

你不妨在下次演讲的问答环节中留心一下，看看观众是否会抛出该问题。你甚至可能会听到完全一致的表述。

本书第 4 章曾给出建议，即在准备 IPO 路演时，企业的高管团队应面向不同群体征集问题清单，其中包括投资银行家、律师、审计师、各类公共关系和投资顾问等。这份问题清单通常会包含“是什么让你夜不能寐”这一问题。

无论这一问题是否常见，你都必须坦承作答，否则观众会认为你在避重就轻。每家企业都会存在某个潜在的劣势，但你可以用缓冲来予以中和：

我思考得最多的是……

与尖锐问题一样，针对后面三大普遍议题的本质也可以提炼为某个名词或动词：

- 规划
- 计划
- 思考

现在让我们来看看针对七大普遍议题的有效缓冲实例。

七大普遍议题的缓冲实例

价格或成本

当提供打车服务和外送服务的 Uber 上市时，其首席执行官达拉·科斯罗萨西（Dara Khosrowshahi）接受了美国消费者新闻与商业频道记者安德鲁·罗斯·索金（Andrew Ross Sorkin）的采访。在提问了一个无关痛痒的热身问题之后，索金随即在下一个问题中明确暗示 Uber 的 IPO 定价过低：

> 每股 45 美元的定价处于目标发行价区间低端，请告诉我们你是如何看待这一定价的？照这个价格计算，81 亿美元的筹资额可能比你理想的筹资额要少，你如何看待这个问题？

科斯罗萨西并没有复述对方问题中的“低端”或者“要少”，而是仅对关键词进行了缓冲：

> 定价是一门艺术，而不是一门科学。

竞争或差异化

如今，作为“内容之王”的奈飞不仅是一家平台型兼产品型公司，更是规模巨大的在线娱乐领域的先驱者。该公司还是最先采用新形式财报电话会议的上市公司之一，即从传统的电话形式转为实时视频讨论。[①] 虽然新冠疫情发生以后，视频会议成为新常态，但奈飞早在此之前就已经采用了这种沟通方式，还率先放弃由“公司相关负责人”主持财报电话会议的做法，转而邀请来自其他公司的研究分析师主持。

在一次财报电话会议上，来自桑福德·C. 伯恩斯坦研究公司（Sanford C. Bernstein）的分析师托德·朱格尔（Todd Juenger）向奈飞的创始人、董事长兼联合首席执行官里德·哈斯廷斯（Reed Hastings）提出了一个重磅问题。朱格尔的问题直指知名巨头华特·迪士尼公司进军流媒体市场、全面挑战奈飞的意图：

> 我想聊一下一个不容忽视但大家又不太愿意探讨的棘手问题，即关于行业竞争环境的问题。显然，华特·迪士尼、康卡斯特（Comcast）、福克斯（Fox）和英国天空广播公司（Sky）近来大动作不断，所以，我想要听听你对它们将给奈飞带来何种影响有何看法。在你看来，它们是否会给奈飞的竞争力带来某些积极或消极的特殊影响？

在 2002 年奈飞上市，哈斯廷斯为路演做准备时，我有幸为其提供过指导，他显然还记得缓冲的重要性：

> 市场上确实出现了许多新的有力竞争者……

通过这个直接的缓冲，哈斯廷斯清楚地表达了奈飞早已做好与众多竞争者同台竞争的准备。

---

① 奈飞的文化准则，全面颠覆了 20 世纪的管人理念，由奈飞前首席人才官写作的《奈飞文化手册》（*Powerful*）中文简体字版已由湛庐引进，浙江教育出版社于 2018 年出版。——编者注

资历或能力

恩戈齐·奥孔乔-伊韦阿拉（Ngozi Okonjo-Iweala）博士在竞选世界贸易组织总干事这一令人羡慕的职位时，来自瑞士新闻社（Swiss News Agency）的记者劳伦特·西耶罗（Laurent Sierro）就资历问题向她提问：

> 我们已经针对有三名候选人来自非洲这一情况提过相关问题。在上次会议中，成员国之间是否存在分歧？你是否对这种分歧感到过担忧？

奥孔乔-伊韦阿拉博士直接以关键词作答：

> 我希望能获选并能得到支持。因为我认为我拥有足够的资历和领导力，完全能够胜任这份工作。我确信整个非洲都将支持我。

随后，世界贸易组织全体成员国一致同意，任命奥孔乔-伊韦阿拉博士为新任总干事。她不仅是第一位女性总干事，也是第一位来自非洲的总干事。

时机

《福布斯》杂志上一篇标题为《操之过急》（Being Too Early Is the Same As Being Wrong...）的文章，探讨了移动医疗服务初创公司 Better 的失败经历，将其原本前景光明却惨遭破产的原因归咎于“操之过急”。文章还将 Better 公司首席执行官杰夫·克拉普（Geoff Clapp）描述为“一位备受瞩目的企业家和绅士”。尽管有声誉颇高的妙佑医疗国际（Mayo Clinic）和财力雄厚的社会资本基金（The Social+Capital Fund）作为后盾，并在纽约《华尔街日报》举办的活动中高调推出，但是，该公司未能获得大众的认可和支持，并于 3 年之后倒闭。

Tech Tonic 播客主持人戴维 · 施威茨（David Shaywitz）希望他的听众朋友们能够引以为戒，于是邀请克拉普对 Better 公司的失败原因进行总结。在讨论中，施威茨向克拉普提出了一个关于时机的问题：

> 现在企业的发展步伐是否加快了？你们当初是不是真的没有时间去精心打磨某个业务领域？

克拉普直接以时机为缓冲，坦诚地回答：

> 我并不认为这是时机问题。我也说不清楚。回顾过去，我们当然能够轻松说出："噢，如果当初能等到时机更成熟些，如果我们能拥有更多资金或者其他资源……"

你可能注意到了，科斯罗萨西、哈斯廷斯、奥孔乔-伊韦阿拉以及克拉普都使用了单个词语进行缓冲："定价"、"竞争"、"资历"或"时机"。

每个用于缓冲的关键词都只可能是名词或动词，绝不会是形容词或副词。因为问题中的形容词或副词通常带有观众的价值判断或者意见。以此类词语作为关键词会使你无意中将对方的偏见带入答案之中，而名词和动词则能够对问题进行不带任何偏见和情绪的描述。就像减震器的作用一样，缓冲的目的在于中和负面影响，这点对于应对尖锐问题尤为重要。

一旦你予以缓冲，便消除了问题中存在的消极因素，从而能以全面掌控的态势作答。

增长或展望

Extended Stay America是一家已经上市的经济型公寓连锁酒店。其首席执行官布鲁斯·哈塞（Bruce Hasse）在一次季度财报电话会议上宣布推出了一项新的高价位产品，之后立即受到来自花旗集团的分析师斯梅德·罗斯（Smedes Rose）的质疑。罗斯提出了一个有关“你打算如何实现目标”的问题：

> 我们从过去的经验中得知，对品牌来说，从高价位产品逐步下探到低价位产品要更容易一些，而从低价位产品上探到高价位产品就比较困难了。虽然你讲了大量关于客户研究的内容，但我想是否存在其他原因让你有信心以比现在高出这么多的价格推出这款新产品呢？

哈塞在回答中开门见山地指出公司对高端市场的规划：

> 是的。嗯，我认为我们已经拥有了一些高度翻新的产品，建设了一些新的酒店，它们也将被纳入我们品牌的定位之中。

突发状况

小米公司是中国一家已经上市的大型电子产品制造商。在该公司的季度财报电话会议上，来自中信集团的分析师许英博向小米公司前任总裁王翔提出了一个与突发状况相关的问题。许英博想知道小米公司计划如何应对人工智能物联网领域出现的竞争：

> 我们注意到，一些第三方人工智能物联网零部件公司正在试图增加它们在人工智能物联网领域的曝光率，来让更多家电企业实现物联网领域的联结。那么，你又如何看待它们与小米在人工

智能物联网领域的竞争？小米在人工智能物联网领域是否有信心赢得竞争？

王翔通过缓冲明确表示，小米已经做好了全方位迎接竞争的准备：

就人工智能物联网领域的竞争而言，我认为我们的成功显然导致许多竞争对手想要进入这一领域。我认为小米的差异化在于……

疑虑

Avio 是一家意大利航空航天公司。当该公司的首席执行官朱利奥·兰佐（Giulio Ranzo）接受美国消费者新闻与商业频道《欧洲财经论坛》（*Squawk Box Europe*）栏目的采访时，栏目主持人卡伦·佐（Karen Tso）向他提了一个有关“是什么让你夜不能寐”的问题：

你认为你们公司即将面临的最大挑战是什么？

兰佐开门见山地说道：

最大的挑战在于，我们身处一个非常有活力的航天发射器市场之中。在这个市场上，世界各地的竞争日益激烈。因此，如果想要获得成功，我们就需要加快行动速度、调动更多资金来投资。

在上述每个案例中，缓冲不仅消除了问题中的质疑之声，还能够让你准备好一份自信的回答。

除了上述七大普遍议题，还会有一些针对特定行业或特定公司的尖锐问题。接下来，让我们通过 3 个例子以及 3 个有效的缓冲来进行探讨。

针对特定行业或特定公司的缓冲

卡拉·斯威舍（Kara Swisher）曾就职于《华盛顿邮报》和《华尔街日报》，如今又在《纽约时报》任职。虽然她是一位资深记者，但她提问时话语表述时间通常很长。她用大段话语来表述问题，是为了给问题提供一个背景。许多记者都会如此行事。然而，这种表述方式往往会使受访者抓不住重点。她在全球代码大会上采访社交媒体公司 Snap 的首席执行官埃文·斯皮格尔（Evan Spiegel）时，向他问道：

> 我的孩子经常用 Snapchat，尤其是我那个 16 岁的孩子，Snapchat 几乎陪伴着他长大。我虽然不喜欢通过讲述趣事的方式来提问，但我还是想讲一下在我孩子身上发生的事。我看到他经常使用这款应用，并且他对新的设计很不满。他很愤怒地对我说："告诉斯皮格尔，我对此非常不满。"我回答说："我想我应该不会向他转达你的话。"虽然他认为这款应用问题很多，但依然一直在用。他频繁地用这款应用来与人交流。看上去，他用起来还是很简单的。因为新设计明显引发了诸多争议，也给你们公司的业务带来了一些影响，所以，我想请你谈一谈对此次新设计有何看法、是否属于失误？如果是的话，你将如何解决？

斯皮格尔从斯威舍的长篇大论中提取了关键词"新设计"，并认识到对方旨在询问 Snap 的产品规划。于是，他在回应一开始就对其进行了缓冲：

> 首先，感谢他在我们启用了新设计的情况下依然使用该应用……

波皮·哈洛（Poppy Harlow）同样是一位资深记者，曾就职于哥伦比亚广播公司、纽约第一新闻（NY1 News）和福布斯视频等多家知名媒体，目前在美国有线电视新闻网（CNN）任职。哈洛在采访思科公司首席执行官查克·罗宾斯（Chuck Robbins）时，向他提出了一个相当冗长的问题：

> Salesforce公司首席执行官马克·贝尼奥夫[①]上周告诉我，他已经强制要求公司高层领导会议必须至少有X位女性参加，以及此类活动必须至少有X位女性发言。我们是否只有这样、只有自上而下地刻意做出努力，才能让女性获得高层领导职位？

哈洛所说的“至少有X位”，实质上是指公司需要让女性拥有更加平等的晋升机会。此问旨在要求思科公司针对如何打造出更具多样化的高管团队给出具体规划。罗宾斯以“平等”作为缓冲的关键词，给出回答：

> 我们在男女平等方面也做了同样的努力。

并且，罗宾斯在后续的回答中还重复了该关键词：

> 实际上，我们还投资了员工数据分析，以确保能够深入理解女性员工群体以及其他各种多样化群体的所需所求，从而实现更加平衡、更加平等的工作环境。在这方面，我们也做了同样的努力。

在采访特斯拉首席执行官马斯克时，彭博电视新闻（Bloomberg Television News）主播贝蒂·刘（Betty Liu）向他问了一个关于自动驾驶的问题：

---

① Marc Benioff，Salesforce创始人，从基层销售员做起，成为甲骨文最年轻的副总裁。他将自己的创业心智与历程，总结为《Salesforce传奇》一书，在书中揭开Salesforce高速发展背后的9大关键法则。该书简体中文字版已由湛庐引进，中国纺织出版社于2021年出版。——编者注

假设某位司机将特斯拉设置为自动驾驶状态，在发生事故时，司机说："嘿，车子遇上障碍物本应改变车道的，但它直接撞了上去。我希望特斯拉对此事负责。"

贝蒂·刘的问题实质上是一个针对"突发状况"所提的问题。马斯克在回答中直接以"责任"为关键词进行缓冲：

我想我们会很清楚地告诉客户，责任仍然在司机身上。

许多像斯威舍、哈洛和贝蒂·刘这样的资深记者，在提问时为了向对方提供背景，经常会问一些冗长的问题。而像斯皮格尔、罗宾斯和马斯克这样的知名首席执行官，则需要透过记者冗长的问题抓住关键词，方能在作答时展现出敏锐的洞察力和充足的信心。当问题饱含质疑之声时，这种能力会显得尤为重要。

缓冲在处理另一组问题时也十分有效。相比于实质内容，此类问题在风格和结构上更具挑战性。我将在下一章深入探讨。

TIPS

魏斯曼完美演讲

每个用于缓冲的关键词都只能是名词或动词，绝不会是形容词或副词。利用关键词做缓冲，以柔克刚，你可以消除问题中所存在的消极因素。

IN THE LINE OF FIRE

HOW TO HANDLE TOUGH QUESTIONS... WHEN IT COUNTS

第 9 章

利用缓冲应对结构上具有挑战性的问题

> 质疑一切……最重要的是，坚持在使用某个词语之前清楚地了解它的含义；在赞成某个主张之前清楚地了解它的含义。
>
> ——约翰·斯图亚特·穆勒

英国哲学家约翰·斯图亚特·穆勒年轻时就已成为一名学者和作家，其深刻的思想对政治、经济和社会等领域的理论均产生了深厚的影响。年事渐高之后，作为圣安德鲁斯大学的名誉校长，他又将影响扩展到了学术界，向人们发出本章引语中的劝告。他在该劝告中表示，人们应当提出具有挑战性的问题，才能使沟通更加有效。行事谨慎的商界人士的确做到了“在赞成某个主张之前清楚地了解它的含义”，并且，正如我在第 2 章中以海伦妮·波里尔的质疑为例所讲述的那样，商界人士也的确会经常提出具有挑战性的问题。

此类问题往往会以各种结构形式出现，从而导致难以应对。

化消极问题为积极问题

观众有自己的想法，他们有时会想把自己的想法强加给演讲者。比如，你是一家上市公司的首席财务官，某位分析师可能会在财报电话会议上问你：

> 这是一个合作的时代：银行在整合，航空公司和制药公司也都在合并。每家企业都在试图与其他企业实现合作共赢。与其孤军奋战，你们何不与所在行业中的某个大公司合并或者被其收购呢？

该问题的言下之意是：虽然你刚刚通过整个演讲向观众传达了你们公司接下来力争占据市场领导地位的计划，但你何不直接按观众的意见行事呢？

作为演讲者，一旦你对“你（你们）何不……”的问题做出回应，那么你将会招来更多的消极问题，从而导致整天都在处理这些恼人的问题。你应该做的是通过回答为什么要按你们的计划行事来将消极问题转变为积极问题。

缓冲如下：

> 我们之所以正在追求自身的市场领导地位，是因为……

在波音公司 737 Max 8 飞机经历了两次悲惨的坠机事件后，波音公司首席执行官丹尼斯·穆伦伯格（Dennis Muilenburg）在公司的股东大会上发言时被问道：

鉴于贵公司面临的危机，为了重新赢得乘客的信任，你是否考虑过辞职？

穆伦伯格无意辞职，并在回答中明确表示他将继续留在波音公司：

我将继续在波音公司管理质量、安全和诚信等方面的事宜。

穆伦伯格不仅坚持了自己的立场，还做到了化消极问题为积极问题。

德意志银行是德国一家大型投资银行和金融服务公司。在美联储委员会发布了该公司负面报告的第二天，德意志银行首席执行官克里斯蒂安·索英（Christian Sewing）就出现在美国消费者新闻与商业频道的报道中。在他接受采访时，主持人威尔弗雷德·弗罗斯特（Wilfred Frost）向他提出了一个“你（你们）何不……”的问题：

美联储称，“德意志银行旗下美国部门的资本计划控制措施存在着大量严重缺陷”……鉴于美国部门相比于整个银行规模较小，如今又出现了各种问题，你是否考虑过重组时裁撤该部门？

索英并没有这个打算：

没有，完全没考虑过。我的意思是，出于各种原因我们都不会这么做。首先，美国部门的业务规模并不小，对整个德意志银行的贡献不菲，并且，美国是仅次于德国的重要市场，未来也仍将如此。

穆伦伯格和索英都没有打算采纳提问者的意见，你也应当效仿他们。这两位高管都申明，他们打算按照原定计划行事。因此，在被问到“你（你们）何不……”的问题时，你只需化消极问题为积极问题，直接回答你打算如何行事。

以同样认真的方式对待看似无关的问题

“为什么你们品牌商标的字间没有空格？”

此类问题有时会引得演讲者做出嗤笑、翻白眼或者皱眉头等表情。这些表情自然地表达了演讲者对提问者的不屑。然而事实上，不存在无关问题。可能由于演讲者将重点全都放在了自己的观点上，才会认为某个问题无关。

引用电影《梦幻成真》（*Field of Dreams*）中的一句台词，“如果他们有所问，你就必须有所答”，每位观众都有权利提出任何问题，不存在无关、不恰当的问题。如果你觉得自己想要对某个问题做出嗤笑、翻白眼或者皱眉头等表情，那不妨用关键词来缓冲，以抑制此类冲动：

我们之所以选择现在使用的商标设计，是因为……

当流行歌手爱莉安娜·格兰德（Ariana Grande）参加电台节目为新歌做宣传时，一名电台唱片节目主持人向她问了一个无关问题：

如果你只能最后使用一次化妆品或手机，你会选哪个？

该问题不仅与格兰德的新歌无关，甚至带有明显的性别歧视意味。对此，格兰德依然优雅地微笑着回答：

这就是你的观点吗？你认为女孩们离不开这两样东西？

这名主持人没有被吓住，依然追问道：

是的，我的确这么认为！你真能做到去哪都不带手机吗？你能做到多久不看？……

格兰德不假思索地打断了他的话：

就餐时我好几个小时都不看手机。我喜欢全身心地投入交流之中，看着对方说话。

有效应对多重问题

正如前文所述，观众在提问时会受到快思考、情感、自我意识等精神力量的影响，因此问答环节中的许多问题都是以多重问题的形式呈现的。这无疑给演讲者带来了巨大的挑战。

比如说，你是一名首席财务官，某名分析师向你提出如下问题：

你们公司去年在研发上投入了多少资金？这在公司收入中占多大比例？你们的研发模式是什么？

由于这 3 个问题之间具有较强的相关性，任何财务人员都能轻松作答。对于与自身专业领域相关的多重问题，演讲者通常能够应对，然而，如果多重问题中所涉及的领域天南海北、毫不搭界，那就会变得相当难以应对了。

在这种情况下，不少演讲者都会开始回答一个问题，并急于深入探讨其中细节。与此同时，他们会忘记其他问题。因此，演讲者不得不再次问提问者：

你的另外一个问题是什么？

观众对此举的感受是：“你根本没有在听！”

你没有义务去记住观众由快思考产生的冗长而含混不清的非线性问题。此外，如果你试着在回答某个问题的同时，记住另外一个问题，会使你的大脑负荷过重。这就像需要左手画圆右手画方一样。

相反，你只需要在多重问题中选择一个进行回答。无论是最容易的、最难的、意料之外的、意料之中的，还是最后一个、第一个，都可以。对该问题进行缓冲，予以作答。回答完之后，转向提问的观众，用陈述性的语句说：

你还有一个问题。

这句话通常会产生两种反应，要么提问的观众会重述问题，要么他会说：“没关系，你刚刚已经回答了。”无论对方是哪种反应，你都安全脱身了。后一种反应相当常见，因为大多数人都无法记住自己由快思考产生的冗长而含混不清的非线性问题。

此时，你可以要么继续回答第二个问题，要么继续邀请下一名观众提问。

康泰纳仕集团（Condé Nast）首席执行官罗杰·林奇（Roger Lynch）出席了2019年的CodeMedia会议。当主持人彼得·卡夫卡（Peter Kafka）宣布开始进入问答环节时，来自《女装日报》（*Women's Wear Daily*）的一名记者起身向林奇提出了一个双重问题：

> 实际上，我有两个问题。首先，贵公司围绕付费墙的策略似乎已经改变。你们是否仍将像最初所宣称的那样，对旗下所有杂志都启用付费墙，还是只针对重点杂志启用付费墙？其次，你认为康泰纳仕集团在近5年内会出版多少款杂志？

林奇选择了先回答第二个问题：

> 首先，我们旗下有38款杂志品牌。

随后，他继续针对公司的杂志品牌给出了一个极为详尽的介绍。这一表述整整持续了1分15秒。当他突然意识到自己忘了记者问的另一个问题时，他问道：

> 你刚刚还有一个问题是什么？

记者想知道更多关于康泰纳仕集团对旗下杂志的规划：

> 未来几年是否有更多款杂志走向数字化？

林奇回答说：

> 我不知道。我认为我们已经掌握了无纸质版的线上杂志能够获得成功的关键。但这取决于杂志的具体内容类型。因此，未来可能会有更多杂志走向数字化，但我认为我们现在已经获得了一个相当好的平衡。

说到这里，他停了下来，等着这位记者的反应。她回应道：

好的……

随即，她又提醒林奇还没回答第一个问题：

……还有一个围绕付费墙策略的问题。

记者一开始说有两个问题，于是林奇很有礼貌地以“首先……”开始作答，但他此举相当于给自己挖了个陷阱。因为这意味着他给出了即将回答两个问题的承诺。虽然他对其中一个问题做了详尽的回答，却忽略了另一个问题，这让他看起来“根本没有在听”。

在 2018 年全球代码大会上，达美航空首席执行官埃德·巴斯蒂安（Ed Bastian）在邀请观众提问时，也遇到了类似情况。一名男子走到话筒前，向巴斯蒂安提出了两个问题：

我有两个问题想问你。作为贵公司优质客户之一，我是最早一批钻石会员。但不得不说，达美航空在贬低其最忠实旅客的价值方面可谓处于行业领先地位。你提到，从经济舱直接升级到头等舱不符合传统的升舱模式。那么，请告诉我，第一，你如何看待客户、贵公司最忠实客户的重要性？第二，你打算如何与国内捷蓝航空公司（JetBlue Airways Corporation）所推出的 Mint 头等舱竞争？

巴斯蒂安以一个完美的缓冲开始作答：

第一个问题，关于忠实度……

随后，他给出了彻底而详细的回答，这一过程足足持续了 1 分 25 秒。当突然意识到自己忘记了第二个问题的要点时，他问道：

我不太记得另一个关于捷蓝航空公司的问题。

当这名男子指出第二个问题是关于达美航空将如何与捷蓝航空展开竞争之后，巴斯蒂安给出了一个自信且有力的回答。他将捷蓝航空定位为一个小众企业，并指出达美航空是行业领导者。值得称赞的是，虽然他未能记住第二个具体问题，但他还记得该问题是关于捷蓝航空的。实际上，当他意识到自己忘了第二个问题时，只需说："你还有一个关于捷蓝航空的问题……"

对于多重问题，巴斯蒂安的表现显然要比林奇更加优秀。然而，这两个例子给我们带来了一条重要教训：**切勿逐条开列。**虽然上述例子中那名男子的确说了"我有两个问题……"，但巴斯蒂安并不需要以"第一个问题……"开始作答，因为这无异于是在承诺自己会记住第二个问题。如果他直接以"关于忠实度……"开始作答，那么他只需应对这个问题，并让提问的男子记住捷蓝航空的问题。

在应对多重问题时，有些演讲者的确能够做到逐条开列，并一一记住。

电子游戏开发公司 CD PROJEKT 的联合首席执行官亚当·基辛斯基（Adam Kiciński）就对自己处理多重问题时各个击破的能力十分自信。在一次与投资者的会议中，他为其公司最新游戏延期发布三周而道歉。问答刚开始，就有人向他提出了一个包含三部分的多重问题：

晚上好，我有三个问题。第一，回想一下你上次在 6 月中旬宣布游戏延期发布时，就已经明确说过游戏发布不会再推迟到11月19日以后。我的问题是，此次何以不同？为什么你有信心确保能在12月10日推出这款游戏？第二，你在之前的评论中提到，“我们即将推出一款超棒的游戏”，你能不能提供一些从游戏测试中得到的反馈，好让我们在这款游戏真正推出时心里能够更加有底？第三，从更长远的角度来看……你有多大信心能在两年内推出多人游戏？

基辛斯基给出回答所有问题的承诺：

谢谢你的问题。让我们从第一个问题开始……

随即，他针对第一个问题进行了非常详尽的回答，最后说道：

……现在，我将第二个问题交给米哈尔（Michał）来回答，因为最近他玩这个游戏玩得比较频繁，也许可以和我们分享一下他的看法。

米哈尔回答完问题后，把发言权交还给了基辛斯基。基辛斯基立刻开始回答起第三个问题，并对关键词进行了缓冲：

第三个问题，关于未来的项目……

基辛斯基通过将其中一个问题交给同事，顺利完成了对多重问题的作答。本书在第8章讲述过小米公司前总裁王翔有效应对了一个与突发状况相关的问题，此处，我们即将探讨他如何独自有效应对一个由两部分组成的长问题。

实际上，当时中信集团分析师许英博提了一个多重问题，关于人工智能物联网领域潜在竞争的问题正是其第二问。

> 我的第一个问题是关于互联网行业的。如果将互联网行业视为一个整体的话，我们发现大量手机制造商上一年第二季度——上一年的下半年在该领域的发展陷入了困境。但是，小米公司互联网服务板块收入仍实现了两位数的增长。所以，我们认为这份成绩相当不错。你能不能给我们提供更多关于今年互联网业务收入的增长数据？
>
> 第二个问题与人工智能物联网领域有关……

值得称赞的是，作为首席执行官的王翔从许英博的长篇大论中成功提取出了第一个问题的关键词。当许英博问完第二个问题后，王翔重掌发言权。他显然对自己能够记住问题信心十足，于是迅速做出对上述两个问题均予以作答的承诺：

> 好的，让我先回答互联网业务的问题。

随即，他足足用了 2 分 5 秒的时间针对互联网业务提供了一份详尽的答案。与此同时，他还一直牢记着关于人工智能物联网领域的问题。当他回答完第一个问题后，立马通过以关键词进行缓冲的方式开始回答第二个问题：

> 就人工智能物联网领域的竞争而言……

虽然基辛斯基和王翔都成功应对了多重问题，但你完全可以一次只应对一个问题，从而让自己轻松一点。

将负面陈述转化为反问

有时，观众会用陈述而非问题来表达他们的意见以及对演讲者的质疑或抵触。比如，你是一名产品经理，在刚刚对现有客户介绍完新产品之后，你开启了问答环节。此时，某名观众提问道：

> 虽然你们的新产品看起来相当不错，但毕竟才刚刚发布。我们不想做第一批“吃螃蟹”的人。我们之前也遇到过这种情况，新产品很容易出现不兼容、售后服务难度大、替代产品有限等问题。在决定是否选择该产品之前，我想先看看该产品能否在市场上获得受众认可。

这并非问题，而是一份声明。如果你想让新产品尽早打开市场，那么你肯定不想在这种尚未达成交易的情况下放弃与对方的交流。此时，你可以用两种方式来予以回应。其一，你可以将陈述转为反问，并以关键词进行缓冲。在上例中，关键词是“时机”：

> 为什么说现在选择我们的新产品是最佳时机？

随即，你可以针对该问题予以作答，给客户提供更充足的理由，说服他们成为新产品的早期使用者。

其二，你可以以坚定的口吻直接陈述理由：

> 现在使用我们新产品的理由是……

无论是上述哪种方式，你都可以将话题继续下去并列举成为新产品的早期使用者的诸多好处，从而反败为胜。

在英国第四频道的新闻采访中，记者乔恩·斯诺（Jon Snow）对英国银行家协会首席执行官安杰拉·奈特（Angela Knight）及该协会展开了愤怒的抨击：

> 简直糟糕透了！作为银行系统的绝对核心，英国银行家协会就在伦敦金融城，但据英国金融服务管理局对外宣布的调查内容来看，该协会完全是在乱来。巴克莱银行（Barclays Bank）曝出的丑闻已经证明了这一点。而你似乎既对此一无所知，也没有采取任何行动。事到如今，你似乎什么也做不了！

奈特回答：

> 如今所有银行在利率方面的贡献，均由专家而不是行业协会进行检查并做进一步的分析。

有的时候，媒体主持人在采访中忘记了自己的提问者身份，开始即兴表演或者大放厥词，还有的时候，作为观众的商界人士在受邀提问时，会不着边际地讨论起来，而忽略了提问的事。无论哪种情况，演讲者都可以通过对关键议题进行缓冲，而使交流重回正轨。

在《沃顿商业日报》（*Wharton Business Daily*）广播节目的采访中，主持人丹·洛尼（Dan Loney）向剑桥大学皇后学院院长、德国巨型跨国金融服务公司安联集团（Allianz）的首席经济顾问穆罕默德·伊尔-艾朗（Mohamed El-Erian）教授提出了一系列问题。然而，在访谈中，洛尼一度以陈述式口吻说道：

> 如果可以的话，我想将话题带回美国，谈一谈美联储。根据杰罗姆·鲍威尔（Jerome Powell）最近的一些声明来看，宽松政策

在可预见的将来仍将延续。

这位消息灵通、人脉广泛的教授当然能够看出，洛尼言下之意是想要获得关于美联储“在可预见的将来”会实行何种政策的预测，毕竟这是大家关心的重点。伊尔-艾朗当即慷慨地给出了答案：

完全没错……

随即，他以“预测”为关键词进行了缓冲：

和我预想的一致，美联储将继续维持原有计划，并在很长一段时间内将利率保持在低位。美联储还将继续购买资产以提振经济。

伊尔-艾朗向洛尼给出了“完全没错”的坚定回答。对于那些不愿成为你们新产品早期使用者的怀疑主义者，你的回答也应当采取这种态度：**表明立场，将问题转化为陈述。**

平心静气应对已经阐明的问题

在问答环节中，观众也会经常就演讲中已经清楚阐述过的内容进行提问。例如，当演讲者详细介绍了一款新产品的所有新功能之后，观众中有人就某个功能提问道：

这款新产品能否……

在公司内部会议上，此类问题通常会导致在场的其他人发出低声不满。

在对外公开会议中，在场的其他观众为了不引起他人注意，可能会控制自己发出不满之声，但仍会不耐烦地对提问者表示鄙视。行事应当更加谨慎、以尊重他人为己任的演讲者，自然也会将不满之声吞进肚里。但有不少演讲者仍会说：

正如我所说……

这句话看似无意冒犯，实则掩盖了演讲者对提问者的不耐烦。更糟糕的是，还有一些演讲者会以"就像我刚说的那样……"开启回答。这句短语会让人感觉演讲者是居高临下的态度。

在回答此类问题时，你应像在演讲中从未涉及过该主题一样，说：

当然可以！我们的新产品在这方面做得更好。这款产品比市场上任何其他产品都能更好地实现这一功能！

随后，你便可以再次探讨新产品的主要特点。但切记要抵制住诱惑，不要对演讲中的原始材料再次予以详细重复。把握住此次机会，简洁明了地作答。

切勿回溯引用。[①] 如此一来，你将获得三大好处：

- **强化演讲内容。**如果不做任何回溯引用的话，简洁的重述就如同一个任意球。

---

① 关于避免回溯引用的重要说明：在《魏斯曼的演讲大师课 4》中，我建议大家使用回溯引用。这是一种非常有效的演讲技术，能够让你的叙述拥有连贯性。然而，当你结束讲述并进入问答环节时，情况就发生了变化，规则也随之改变。此时，切勿对你的演讲进行回溯引用。

- **对提问者予以认可。**“正如我所说……”或者“就像我刚说的那样……”之类的说法，等同于否认观众所提问题的有效性。
- **形成积极的感受。**通过以尊重的态度对待提问的观众，体现出自身在压力环境中也不失优雅。

大多数观众都会听到你在演讲中对相关内容的介绍，除了那些因手机震动而转移了注意力的人。当观众观察到你仍耐心地予以回应，并且没有照搬原稿时，会认为你是一个有自控力的人。切记，在火线上保持冷静。

在奥斯特韦斯资本管理公司（Osterweis Capital Management Company）主办的线上研讨会上，固定收益团队负责人埃迪·瓦塔卢（Eddy Vataru）发表了长达40分钟、涵盖18张PPT的演讲。随后，该公司业务发展总监兼此次线上研讨会主持人肖恩·尤班克斯（Shawn Eubanks）邀请观众在聊天对话框中提交问题。在等待的同时，他向瓦塔卢问道：

> 瓦塔卢，你提到即使在市场整体收益率较低时，行业轮动也能带来巨大收益。那么你和团队是如何在行业轮动策略中确定投资比重的？

瓦塔卢回答：

> 我在刚才的讲述中用一张图表展示了不同资产类别的各种风险因素，我们正是通过对这张图表进行定性分析来确定投资比重的。

聆听线上研讨会的人不可能通过PPT找到那张图表，因此，如果瓦塔卢能像未曾描述该图表那样重新阐述一遍，那么效果肯定会更好。

切勿在问答环节中做任何回溯引用。

缓冲，问答环节的有力武器

利用缓冲，我们便能顺利应对在结构上具有挑战性的问题。因为缓冲能够帮演讲者：

- 中和问题中的敌意。
- 化消极问题为积极问题。
- 以同样认真的方式对待看似无关的问题。
- 有效应对多重问题。
- 将负面陈述转化为反问。
- 平心静气应对已经阐明的问题。

缓冲还有助于应对那些毫无挑战性的问题，例如：

能否告诉我们，你打算如何在这种竞争环境下拓宽公司市场？

此时，你只需说：

我们的营销计划包括……

然后继续作答。

作为问答环节的有力武器，缓冲有着八大益处。

1. **"我听清了。"** 这是想在任何问答环节中获得理想表现的必要条件。这句话能让提问者和其他观众知道，你一直在认真倾听。

2. **思考时间。**思考至关重要，尤其当你在聚光灯下的时候。
3. **中和质疑。**在缓冲时，通过只使用名词和动词而不使用形容词和副词，消除问题中固有的消极因素。如此一来，你便能以全面掌控的态势作答，而不会显得具有防御性或好辩性。
4. **浓缩问题。**没有必要将对方冗长而含混不清的非线性问题继续下去。
5. **言语表达。**言语表达是一种强大的实用技术，即大声说出演讲中的关键词，使之更加明确。通过将用于缓冲的关键词用言语表达出来，你便在大脑中澄清了对方问题中的罗马柱。本书在第 15 章讲述如何准备问答环节时，将针对言语表达进行更深入的探讨。
6. **触发答案。**当你在脑中确定了关键词之后，答案很容易就会水落石出。例如，如果有人问你关于你们公司将如何参与竞争的问题，你极有可能不假思索就能给出答案。
7. **清晰可闻。**在场的每位观众都能听到你将要回答的问题。
8. **点头认可。**当你使用了正确的关键词进行缓冲时，提问者会情不自禁地点头表示认可。对方点头后，你便可以放心大胆地继续作答。

提问者的点头动作是完全无意识的。在我们公司的培训项目中，我曾让客户做互相提尖锐问题的练习。如果作答者缓冲正确，提问者必然以点头表示同意；如果作答者缓冲错误，提问者就不会点头，实际上，此时提问者往往会做出皱眉或摇头的举动。尽管练习只是模拟，作答者也大多是同行、同事而非对手，但通常来说，提问者总会对正确的缓冲予以点头认可。

仅包含一两个关键词的缓冲，就拥有八大益处。

其中，第二大重要益处是思考时间。关键词缓冲会将提问结束与开始作答之间的时间间隔缩短至一瞬。并且，当你是场上（无论是线上还是线下）所有人的关注中心时，这种压力引起的时间扭曲甚至会进一步压缩这段时间间隔。因此，你可以用更长的缓冲形式来延长思考时间，我将在下一章中对此作深入探讨。

TIPS

魏斯曼完美演讲

缓冲能够在以下几个方面发挥作用，帮助你顺利应对结构上具有挑战性的问题：

- **中和问题中的敌意**
- **化消极问题为积极问题**
- **以同样认真的方式对待看似无关的问题**
- **有效应对多重问题**
- **将负面陈述转化为反问**
- **平心静气地应对已经阐明的问题**

IN THE LINE OF FIRE

HOW TO HANDLE TOUGH QUESTIONS... WHEN IT COUNTS

第 10 章

利用缓冲为回答争取更多思考时间

时光飞逝。

——维吉尔

在拉斯韦加斯，人们通常认为赔率为八分之一的话，赢面很大。与之类似，一两个关键词的缓冲能够带来八大益处，自然也是对你所投入的精力的极佳回报。你可以通过在句子中添加更多的词语以进行缓冲，来强化第二大益处，赢得更多思考时间。具体操作方法就是在关键词前加上一个转述词。

在关键词前加一个转述词

字典中对“para-”的描述是“表示相邻、接近、并列、平行或超越的前缀”。paralegal、paramedical、parapsychology 和 paramilitary 等带有该前缀的合成词是与词根 legal、medical、psychology 和 military 等词义相关，但表达了另一层“辅助”义的词。

转述与重述（restating）或改写（rephrasing）有着明显的不同，因为前缀“re-”表示“再次”。“再次”意味着重复，重复又意味着将尖锐问题中的消极情绪带入答案之中，而消极的答案会给观众带来消极的感知。

你可以使用疑问词对原始问题进行转述，例如：

- 什么……
- 为何……
- 如何……

然后以一两个关键词继续转述，最后用句号而非问号来结尾：

- 我有何种资历。
- 我们为何决定在这个时候发布产品。
- 我们如何参与竞争。

句号是陈述性语句的结尾，而问号则意味着不确定性。当然，你只想向观众传达确定性——确定你已经清楚地听到了他们的问题，并打算彻底作答。

想要做一个陈述性的演讲，你需要在转述的结尾降低声音，以形成下降的语调。实际上，在整个演讲过程中，每个陈述句的结尾都应使用下降语调，以表明你信念的坚定。这种技巧被称为“构成完整弧线”(Complete the Arc®)，我在《魏斯曼的演讲大师课 4》一书中对此做了深入探讨。

请记住，“转述”是对原始问题进行重构，而非对其进行提问。对原始问题进行提问，是一种注定会失败的策略。老布什在美国总统竞选辩论会上说出那句"你的意思是不是说……"，给了我们前车之鉴。对原始问题进行提问意味着你没有在听；更糟糕的是，你还把控制权交还给了提问者。

虽然以陈述句进行缓冲能够给我们带来八大益处，但演讲者频繁使用的一类陈述句会带来负面影响。我们将此类陈述句称为"敷衍式转述"，当演讲者在回答一个充满敌意的问题时经常会使用这类转述。

想象一下，一位 IT 产品经理刚刚发表完针对某款产品升级的演讲，然后开始邀请现场的观众进行提问。

第一个问题来自某大型金融机构的首席信息官，他显然十分生气：

> 我们已经在这款产品的第一版上花费了数百万美元，但它的问题层出不穷——崩溃、停机、故障和无休止的维修……现在你又想让我们升级到新版本吗？目前使用的这个版本有这么多问题，你们打算怎么解决？

这位产品经理回答道：

> 产品质量对我们来说十分重要……

听起来很熟悉吧？你肯定已经听过无数次此类表述的变体，其中包括：

> 准时交货对我们来说十分重要……
> 客户服务对我们来说十分重要……
> 响应时间对我们来说十分重要……
> 成本效益定价对我们来说十分重要……

显然，这位愤怒的首席信息官已经知道产品质量有着严重缺陷，那些提及准时交货、客户服务、响应时间或价格问题的愤怒客户同样知道问题所在。因此，当演讲者予以重述并称其为重要问题时，无疑是在说一句显而易见的废话。这等同于是在敷衍提问者。质量当然十分重要——提问者刚刚不就是这么说的吗！

不幸的是，敷衍式转述已经成为问答环节中的模板。

作为演讲者，向观众传达你已经听到并理解提问者的问题这一信息当然至关重要，但不要试图传达出你能够体会观众的痛苦或难处的信息，尤其是当此类痛苦或难处本就源自你或你们公司时。相反，你需要以中立的态度、不带任何感情色彩地予以缓冲：

为了保证质量，我们采取的措施包括……

现在，你已经学到了两类能够为你赢得更多思考时间的缓冲：第 9 章讲述的关键词缓冲，以及本章介绍的转述。

你甚至可以通过叠加缓冲的形式来赢得更多思考时间，这就是所谓的“双重缓冲”。

通过加上“你”制造双重缓冲

如果你在网上搜索“具有说服力的词”，你会看到数百万条结果，其中多条结果都提到了耶鲁大学的一项研究。该研究对英语中 12 个最具说服力的词进行了排名，“你”位居榜首，甚至排在了“爱”和“钱”前面。虽然这项研究从未得到耶鲁大学的证实，但如同许多其他互联网传闻那样，这一说法也逐渐流传开来。

更重要的是，“你”是对方名字的同义词。

你可以通过在转述和关键词缓冲前加上“你”，来制造双重缓冲。如此一来，你便向提问者发出了“我在听”的明确信息。正如当年克林顿朝萨默斯走过去并对她说：

你认识的人中，有些人失去了工作和住所。

对于如何在转述前加“你”，现举例如下：

你想知道我们为何如此定价。

你的问题是我们如何参与竞争。

你的问题是我有何种资历。

你想知道我们为何决定在这个时候发布产品。

我们可以将上面使用了双重缓冲的句子与下列只使用了关键词缓冲的句子长度进行比较：

我们的定价是基于……

我们的竞争方式是……

我的资历包括……

我们在这个时候发布产品是因为……

不难看出，更长的句子能为你赢得更多宝贵的思考时间。

此外，当你说“你”时，你便与提问者建立了直接联系。同时，你还与对方进行了眼神交流。本书第 7 章中讲过，这是一种持续时间更长的眼神互动。当你与提问者进行眼神交流时，你可以观察对方对你的缓冲作何反应。皱眉表示你做了错误的缓冲，点头则表示你的缓冲正确无误。只有当提问者对你点头认可时，你才可以放心大胆地继续作答。

当克林顿告诉萨默斯他听到了她的话时，萨默斯所说的“嗯，是的，没错”与点头之举并无二致。点头发出的信息是：“我听到了！”正如第 9 章所述，当演讲者做出正确的缓冲时，提问者会不由自主地点头。

然而，还有一些常见的双重缓冲会像“敷衍式转述”那样带来适得其反的效果。在接下来的内容中，你将读到并可能识别出一些演讲者经常使用的双重缓冲。希望你在今后的演讲中尽量避免使用此类能够产生负面效果的双重缓冲。

其中一种最常见的是：

你的问题是……

演讲者使用这种双重缓冲，是为了更加礼貌地与其他观众分享提问者的问题。你可以使用一次、两次，甚至三次。但如果你在每次转述前都使用“问题是……”，那么会让观众觉得你是在拖延时间。

还有两种听起来像是在拖延时间的常见表述：

这个问题问得很好。

我很高兴听到你这么问。

这两种双重缓冲同样是出于礼貌，但带有讨好提问者的意思。这两种表述已经成为人们频繁使用的模板，不仅在问答环节如此，而且在小组会议、炉边谈话和媒体采访中都是如此。我的一些客户说，有些教练指导他们通过此类表述来赢得思考时间。然而，当你用这两种表述来应对一个有敌意的问题时，你拖延时间的目的会变得非常明显；更糟糕的是，提问者可能会认为你在明夸暗讽。

试想，如果在前文所描述的场景中，当无比愤怒的首席信息官抛出关于产品升级的尖锐问题之后，IT 产品经理这样回答：

> 这个问题问得很好。

或者：

> 我很高兴听到你这么问。

很明显，这并不是什么好问题；面对来自重要客户的质问，这位饱受批评的 IT 产品经理也并没有感到高兴。

但是，如果提问者的问题对你十分有利，例如：

> 你们这款产品的新功能将能帮我们节约更多时间和金钱，对吗？

你当然可以痛痛快快地同时使用这两种双重缓冲：

> 这个问题问得很好！我很高兴听到你这么问！

紧接着，你便可以继续探讨新功能的各种优点。但如果此时，下一位提问者问你：

你说得没错，但为什么你们的产品这么贵？

你大概率不会说：

这个问题很糟糕！我很不高兴听到你这么问！

此类表述实际上是在对部分提问者予以肯定，而对另外一部分提问者予以否定。与关键词缓冲类似，双重缓冲中诸如“好”或“糟糕”之类的形容词也将带来负面影响，因为它们将消极情绪带入了答案中。

另一种常见的双重缓冲是：

你真正想问的是……

这句话的言下之意即提问者未能正确地表达问题，而演讲者将以更清晰的方式帮他们重新表达。

还有一种经常被演讲者使用的双重缓冲是：

如果我能理解你的问题……

“如果我能理解……”中隐含的致命信息是“我没有在听”。

最后一种需要避免的常见的双重缓冲是：

关键问题或难题在于……

如果你在重掌发言权后使用“关键问题”或“难题”等词语，那无疑是在承认确有问题存在。更糟糕的是，你还会将这种消极情绪带入答案中。

切勿采用上述会带来负面影响的双重缓冲。

防止演讲者提供错误答案的三重保障

从你重掌发言权的那一刻起，直到你准备好作答，你可以采用上述措施予以应对。本书将这些措施概括为防止演讲者提供错误答案的三重保障。

第一重保障：如果你不能完全找出或理解问题中的罗马柱，那就不要急于回答。此时，你需要“退还寄件人”。你需要在主动揽下责任的同时，把发言权交还给提问者：

对不起，我没听懂。你能重述一下问题吗？

第二重保障：当你确定自己已经找准了罗马柱后，你需要在重掌发言权时予以缓冲。此时，你需要与提问者进行眼神交流，观察他们的反应。如果对方点头，那你就可以放心大胆地继续作答：如果对方皱起眉头，那你就不要继续作答。这时，你可以采取以下表述来“退还寄件人”：

对不起，我没听懂。你介意重述一下你的问题吗？

我听到了你说的所有内容，但我没能听懂。请为我重述一下你的问题，好吗？

第三重保障：请求对方重述问题，直至你能正确找出罗马柱并获得对方的点头认可，才继续作答。但是，你不能无休止地重复这一过程。对方重述时，你需要表现出自己真的是在尽力理解。在尝试两到三次后，你可以通过再次缓冲重掌发言权：

我对该问题的理解是……

三重保障为你提供了三个检查关卡，不仅能让你避免因急于求成而提供错误的答案，还能让你避免引发“你根本没有在听！”“我问的不是这个问题！”以及“我真正问的是……”等感知或反应。

提问者冗长而含混不清的问题中往往包含了几个相关的议题，因此即便有了“三重保障”，你对罗马柱的判断以及提供的答案可能也会有所遗漏。此时，最坏的情况是提问者会问你一个后续问题，例如：“没错。但我还想知道……”相较于“你根本没有在听”，这种反应所带来的负面影响要小得多。

在问题与答案之间架起桥梁的三种缓冲形式

在本章和第 9 章中，一共讲述了三种用于在问题和答案之间架起桥梁的缓冲选项，如图 10-1 所示。

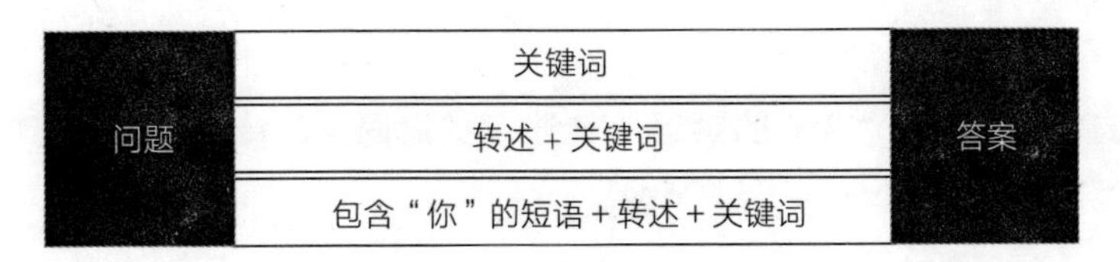

图 10-1　三种缓冲选项

选项一：关键词。只对罗马柱中的关键词进行缓冲，然后直接作答。例如，在被问及你们公司打算如何招聘更多员工时，你可以直接用关键词进行缓冲：

我们招聘人才的方式是……

关键词缓冲同样能够有效化解演讲者经常被问及的 4 个尖锐问题：

我们的定价是基于……

我们的竞争方式是……

我的资历包括……

我们在这个时候发布产品是因为……

选项二：转述 + 关键词。以转述开始，以关键词结束，并以下降的语调说出带有疑问词的陈述句：

我们如何招聘人才。

通过“转述 + 关键词”缓冲来应对 4 大尖锐问题的具体方式如下：

我们为何如此定价。

我们如何参与竞争。

我有何种资历。

我们为何决定在这个时候发布产品。

选项三：包含“你”的短语 + 转述 + 关键词。在转述的内容前加上包含“你”的短语，然后再加上关键词：

你的问题是我们如何招聘人才。

使用“包含‘你’的短语 + 转述 + 关键词”缓冲来应对 4 大尖锐问题的具体方式如下：

你想知道我们为何如此定价。

你的问题是我们如何参与竞争。

你的问题是我有何种资历。

你想知道我们为何决定在这个时候发布产品。

通过观察上文列出的所有选项，不难看出较长的选项能够为演讲者赢得更多思考时间。

但是，如果你频繁地使用第二个和第三个选项，那么会让你听起来很刻意、很生硬。虽然第三个选项中强有力的“你”字会带来诸多益处，但过犹不及。再好的东西，吃多了也会难受。每句缓冲都以“你”开始的话，会让你听起来像个复读机。

第一个只有关键词的选项几乎没有给演讲者提供任何思考时间。因此，在作答之前，你必须准确找出对方问题中的罗马柱。当你开口直接以关键词作答时，你会显得十分自信、把握十足。

在问答环节中，关键词缓冲最具优势。下文将通过 3 个堪称模范的实例进行探讨。

在德国大型汽车公司宝马宣布斥巨资收购中国华晨宝马 25% 的股份后，该公司首席执行官哈罗尔德·科鲁格（Harald Krueger）接受了彭博社记者汤姆·麦肯齐（Tom Mackenzie）的采访。在采访中，麦肯齐问道：

贵公司斥资36亿欧元，折合约41亿美元收购华晨宝马25%的股份，这笔资金大约是贵公司2017年利润的四分之一。这是符合预期的，还是您在压力之下不得不为获得多数股权而多付了一些钱？

科鲁格识别出麦肯齐问题中的4字关键词——“符合预期”，并在作答时重复了该关键词：

这是符合预期的……

由于只使用了中性名词“预期”作为缓冲的关键词，科鲁格在后续回答中就不需聊及自己是否处于“压力之下”：

我认为这对双方来说都是一个很好的结果。你应该将此举视为一个强有力的长期战略投资。

关键词缓冲在回答尖锐问题时尤为有效，因为它能体现出演讲者愿意接受挑战、愿意为作答负责的态度。

近年来，Zoom变得和舒洁（Kleenex）、施乐（Xerox）、谷歌一样，成为我们日常生活中不可或缺的存在。该应用的母公司即Zoom视频通信公司也一举成为华尔街和媒体的宠儿，这使该公司在任何表现上的瑕疵都被放大了。因此，当网络挑衅者开始入侵Zoom会议，进行所谓的“Zoom轰炸”时，该公司的创始人兼首席执行官袁征也受到了抨击。在美国有线电视新闻网的一次采访中，首席媒体记者布莱恩·斯特尔特（Brian Stelter）向袁征问道：

袁征，在过去几周里究竟发生了什么事？你们公司提供的服务、你的创业公司的规模实现了跨越式增长，这种情况是否大大超出了你的预期？

袁征直接通过关键词进行了缓冲：

我想你说得没错。我们公司旨在为大家提供优质服务，任何人都是我们的客户。然而，在此次疫情中，我们发展过快了……

坦然承认后，袁征紧接着给出了解决“Zoom 轰炸”的计划：

……在过去的一两周里，我们已经采取了行动来解决此类问题。

最后一位答疑模范在整个问答环节中仅使用了关键词缓冲。

科林·鲍威尔是有史以来最为出色的演讲者和发言人。他既是一名将军，也做过美国国务卿，曾在各种公开场合中面对媒体，每次都完全掌控了局面。伊拉克战争开始后不久，鲍威尔在位于华盛顿特区的外国记者新闻中心举行了一场新闻发布会。在此期间，他回答了 11 个问题，但没有用过一次“转述”或者“双重缓冲”。对于每一个问题，他都直接以记者问题中的关键词开始作答。

我们不妨思考一下鲍威尔所面临的挑战：大多数记者的母语都不是英语，因此他们在表述问题时存在语法不规范、口音重等问题；此外，作为专业记者，他们会在轮到自己提问时试图多问几个问题。

让我们就其中 5 个问题进行观察，深入探讨鲍威尔是如何在面对提问时以只使用关键词缓冲的方式迅速重掌发言权的。他详尽的回答当然远不止关键词缓冲这部分，但此处为了阐明他的作答技巧，仅讨论他刚开始作答的部分，即他仅以关键词来重掌发言权并迅速控制住局面的拐点。

在说完简短的开场白后，鲍威尔宣布进入问答环节。第一个问题来自俄罗斯塔斯社（TASS）的记者德米特里·基尔萨诺夫（Dmitry Kirsanov）：

> 作为美国总统的首席外交政策顾问，从预防军事冲突的角度而不仅仅是从人道主义援助的角度来看，您是否认为联合国仍然具有一定的价值和重要性？您是否认为该组织需要改革？

这段话中的罗马柱是什么？当然不是“价值”或者“改革”。如果鲍威尔重复这两个词，就等同于承认了记者的论断，即认为联合国没有重要价值且需要改革，这与美国支持联合国的既定政策截然相反。如此一来，他不仅需要在后续回答中为联合国做一场艰难的辩护，还会使自己陷入“缓冲定位图”（见图 10-2）中左侧的黑暗危险区。

图 10-2　缓冲定位图

恰恰相反，鲍威尔重掌发言权后的第一句话便是：

联合国依然是一个重要的组织……

中立的缓冲使鲍威尔能够在接下来的作答中继续提供支持性证据：

美国总统以及联合国其他领导人，比如英国首相布莱尔、西班牙首相阿斯纳尔、意大利总理贝卢斯科尼、澳大利亚总理霍华德等都表示，他们相信联合国能够在推进伊拉克重建和改造的过程中发挥重要作用……

他的回答远不止这些，我们暂且不做讨论。让我们继续观察他对另一个问题的回答，该问题来自《金字塔报》（*al-Ahram*）的记者霍达·陶菲克（Hoda Tawfik）：

国务卿先生，以色列称他们对美国和平“路线图”计划提出了修改意见。您是否收到了来自另一方，即巴勒斯坦的相关意见？“路线图”计划还会接受修改吗？您之前说，“路线图”计划不可更改。而现在关于定居点……关于定居点，作为“路线图”计划的一部分，嗯？

陶菲克的表述如此含混不清，让她身后的一名记者都忍不住发笑了。听完之后，鲍威尔试图让她澄清问题：

什么？

她试图解释：

关于定居点，这是“路线图”计划的一部分……我们看到以色列人正在大力动工修建定居点。我们从电视上看到相关报道称……

鲍威尔试图通过插话的方式让她结束提问：

感谢你的提问。

但鲍威尔失败了，陶菲克继续说道：

……那么您对定居点有什么看法？

你是否找出了她问题中的罗马柱？罗马柱显然不是“定居点”。如果鲍威尔以“定居点”为关键词展开讨论的话，他将落入图 10-2 左侧的黑暗危险区。因为此举意味着他证实了她所担心之事，即“定居点”将成为美国努力推进的中东和平进程的巨大障碍。这样一来，后续任何回答都将只集中在这一点上，而无法聊及美国为促进中东和平所提出的更大倡议——“路线图”计划。再者，陶菲克也已经说过“定居点”是“路线图”计划的一部分。因此，鲍威尔在重掌发言权后的第一句话是：

关于您刚才提到的“路线图”计划……

通过选择“路线图”而非“定居点”作为关键词，鲍威尔采用了一个中立的缓冲。这使他能够在后续作答中展开实质性而非防御性的讨论：

……“路线图”将在得到阿布·马赞先生的确认后再向各方公布，此前完成的“路线图”草案正是这份计划。

他继续回答了下去。不妨让我们转而探讨他回答的下一个问题，该问题来自埃及中东通讯社（Middle East News Agency of Egypt）的记者哈立德·阿德格里姆（Khalid Adgrim）：

国务卿先生，很多人都在谈论谁会是美国的下一个目标。据一些与政府关系密切的人说，支持开罗和沙特阿拉伯的政权现在应该感到紧张。您如何看待这种说法？在您看来，美国现在是否有在枪口下传播其价值观的计划？

“在枪口下传播其价值观的计划”无疑是在指责美国像个恶棍一样欺负别国，鲍威尔当然不能坐实这一指控。因此，重掌发言权后，他立即像著名的反毒品口号“对毒品坚决说‘不’！”那样予以反驳：

没有，当然没有。

阿德格里姆的问题与我们在法庭剧中经常看到的问题类似，咄咄逼人的检察官向被告发难：“你是在什么时候谋杀了你的伙伴？”此类问题被称为“错误假设式问题”，该问题的假设就是被告已经杀死了他的伙伴。此类问题有一个罪责较轻的版本是：“你是否停止了偷邻居的报纸？”其假设是你每天都在偷邻居的报纸。此类问题还有一个臭名昭著的版本，斯泰森大学（Stetson University）的罗纳德·霍尔（Ronald Hall）教授在其关于逻辑学的著作中对此进行了引用：

最著名的“错误假设式问题”是一个经典问题：“你是否停止殴打妻子了？”很明显，如果对方要求我们回答“是”或者“不是”，我们就会进行以下两种情况之一的自证：如果你回答“不是”，那么别人会认为你现在殴打妻子；如果你回答“是”，那么别人会认为你过去殴打妻子。

有着敏锐洞察力的《华尔街日报》专栏作家安迪·凯斯勒（Andy Kessler）曾将此类问题称为“陷阱问题”，他也同意霍尔教授的说法：

只要你回答了问题，别人就会认为你有罪。

我赞同霍尔教授和凯斯勒的观点。永远不要去回答一个“错误假设式问题”，而应当场予以反驳，阻止其他人顺着对方的思路继续下去。你只需要说：“我从来没偷过邻居的报纸！”

无论是科林·鲍威尔还是你，或者任何演讲者，都没有义务以任何方式去回应不真实的指控，只需直接驳斥。如果提问者向你抛出的问题中包含或暗含任何不实之处，请像科林·鲍威尔那样，直接跳过缓冲，立即予以反驳。

在以“没有，当然没有”进行反驳后，鲍威尔继而阐明了美国的立场：

> 两天前，总统已经清楚地谈到了这一点。我们十分关心叙利亚的局势，也已经让叙利亚充分了解了我们的态度；我们同样关心伊朗的一些政策，也已经让伊朗充分了解了我们的态度。

最后，他坚定地重申：

> 但是没有清单。

接着，鲍威尔邀请了来自墨西哥新闻周刊《*Proceso*》的记者杰西·埃兹奎维尔（Jesus Izquivel）提问。埃兹奎维尔问道：

> 国务卿先生，我有一个关于古巴的问题。就古巴的人权状况而言，您对那些与古巴走得比较近的国家，尤其是对与古巴政府走得太近的墨西哥有没有什么建议？还有一个很简短的问题，有些国家称美国是“世界警察”，您同意这种说法吗？

“世界警察”无疑又是一个暗中指责美国充当恶霸的“错误假设式问题”。鲍威尔在回答时同样不能坐实这一指控。然而，由于对方提的是双重问题，因此他决定按顺序予以作答，先以缓冲应对古巴问题：

> 首先，关于您刚才提到的古巴问题。古巴一直以来存在着严重的人权问题，而且进入21世纪后，古巴的人权问题非但没有得到改善，反而变得越来越糟。

请注意，鲍威尔以“首先……”开始作答，以此给出随后将回答第二个问题的承诺。他做到了，你将在后文读到。虽然我在前文告诉过你，应避免对多重问题进行逐条开列，但作为应答技巧炉火纯青的模范人物，科林·鲍威尔当然能够做到，而且也的确是如此行事的。如果你没有科林·鲍威尔这般精湛的技巧，那就一次只应对一个问题。

在对古巴问题作答后，鲍威尔随即转向埃兹奎维尔的第二个关于“世界警察”的问题：

> 关于将美国称为“世界警察”的问题，我们不寻求战争、不挑起战争，我们不需要战争，也不想要战争。

对“错误假设式问题”，只需说“不”！

在此次新闻发布会上，鲍威尔在应对其余每个问题时都做到了全面掌控、认真倾听、彻底回答。他不仅采用了关键词进行缓冲，而且每次都通过逐条开列来应对多重问题。

之后，鲍威尔还邀请了那名坐在霍达·陶菲克身后、在她表述问题时忍不住发笑的记者提问。这名记者问道：

> 国务卿先生，近期美国政府和某些国家在一些问题上似乎看到了些会谈的希望。您认为双方近期是否有举行会谈的可能？举行何种会谈？

鲍威尔笑着说道：

> 很好。你想一次问完，是吗？

科林·鲍威尔何以拥有如此纯熟的专业技能？在其著作《我赢定了：鲍威尔生活和领导的艺术》（*It Worked for Me: In Life and Leadership*）中，他写道："工作实践便是我受教育的途径。"我还有幸见到了他本人，并直接向他提问。他的回答如下：

> 1967年，在佐治亚州本宁堡军官培训学校的教官培训课程中，我第一次学到了如何提问以及如何作答。他们告诉我一定要站直，直接与观众互动，不要装模作样。
>
> 我在作答方面得到的最重要的经验是，直奔主题、一锤定音。
>
> 我还认识到，没有愚蠢的问题，只有愚蠢的回答。观众可以对他们认为愚蠢的问题嗤之以鼻，但演讲者绝不能有这种反应，也绝不能以高人一等的姿态作答。
>
> 我经常通过观察那些真正深谙此道的大师级人物的方式来学习如何应对尖锐问题。例如，罗纳德·里根和卡斯帕·温伯格（Caspar Weinberger）[①]等。我仔细观察了他们的最佳表现，并将之内化。我领悟到的要点是：展示出自信的一面，永远不要让人看

① 鲍威尔曾担任里根总统的国家安全顾问和国防部长卡斯帕·温伯格的高级军事助理。

出你在紧张，并始终了解你面对的观众。

每当我面对媒体时，我知道我不仅是在对他们讲话，同时还是在对美国人民讲话。我与媒体并非敌对关系，我们的任务是一致的：向公众提供信息。因此，我要做的就是在不泄露国家机密的前提下，向公众告知我们所做的事情，并向他们提供他们想了解的信息。

这一原则同样适用于商业领域，了解你的观众是很重要的。每当我为某个企业发言时，都会提前研究该企业的业绩、股票表现、所属行业，并在演讲中提及此类信息。我会提前思考观众了解什么、想要了解什么，并依此来设计我将要提供的信息和答语。

在商业领域回答问题与在军事、外交领域回答问题并没有什么不同。我会预先思考观众可能会提的问题，以及我将如何作答。我的大脑就如同一个随机存取存储器，当听到问题时，我会很快予以识别，并在作答时传递出早已准备好的信息。在重掌发言权后，我经常会以“关于您刚才提到的……”来开始作答。这一简单的技巧有两个好处：它不仅为我赢得了思考时间，还向观众表达了我的尊重。这正是所有沟通的基础：关心且尊重你的观众。

现在你已经学会了在重掌发言权后应怎么做，这意味着你已经准备好进入问答的循环的下一步：回答所提问题。

大多数人都试图通过学习如何提供最佳答案来应对尖锐问题，然而本书特意在已经过半时，才开始讲述如何回答问题。这样做是为了强调在作答之前掌握主动倾听和缓冲这两项技能的重要性。若不具备这两项技能，你就有可能给出错误的答案，并得到观众最为糟糕的反应：

我问的根本不是这个!

如果你尚不能有效地倾听和缓冲，那就不要急于做下一步动作。

TIPS

魏斯曼
完美演讲

你可以通过三种缓冲方式，在问题和答案之间架起桥梁，为自己争取思考时间：

- **关键词**
- **转述 + 关键词**
- **包含“你”的短语 + 转述 + 关键词**

IN THE LINE OF FIRE

HOW TO HANDLE TOUGH QUESTIONS... WHEN IT COUNTS

第 11 章

有所问，就必有所答

悄然流逝。

——保罗·西蒙

不要用含混不清的回答逃避问题

保罗·西蒙有一首脍炙人口的歌叫作《悄然流逝》(*Slip Sliding Away*)，引语正来源于此。在政界的新闻发布会上，那些拐弯抹角、答非所问的作答早已泛滥成灾，而“悄然流逝”似乎能够成为概括这一现象的完美主题词。作为真理探求者的记者们不断提出问题，却只听到一些含混不清的回答。这些回答就如同一些透明的粒子，一说出口就迅速消失于空气中。

曾任美国国防部长的罗伯特·麦克纳马拉（Robert McNamara）显然给了政客们极大的启发，他在奥斯卡获奖纪录片《战争迷雾》(*The Fog of War*) 中接受采访时说：

> 永远不要去回答别人问你的问题，而是去回答你希望别人问你的问题。

不幸的是，麦克纳马拉的建议被太多演讲者当作问答环节的金科玉律。他们将这种作答方式称为“旋转”、“转动”、“重塑”、“回接”或“桥接”等。这些词汇均用于表示在作答时从问题上滑开、从答案旁滑走，继而转到演讲者想要提供的信息上去。尤其是“桥接”一词，让人不禁想起保罗·西蒙和他的搭档阿特·加芬克尔（Art Garfunkel）的另一首歌——《忧愁河上的金桥》（*Bridge Over Troubled Water*）。在“问答”这座“桥”上，演讲者如果答非所问的话，会很快陷入麻烦之中。

虽然演讲者完全有权为自己的目的考虑，但许多人如此行事是为了跳过缓冲和作答，甚至只将自己想要传达的信息放入缓冲中。例如，当提问者问“究竟是什么让你觉得你们公司能够生存下去”时，演讲者可能提供如下导向式缓冲：

> 我们有哪些竞争优势。

这句答语不仅以不屑一顾的态度表示出“我们公司毫无疑问能够生存下去”，还将“我们公司在竞争中赢定了”视为一个绝对事实。这无疑将缓冲直接定位在了图 10-2 中“好辩”的危险区域。更糟糕的是，这句答语并没有回答对方的问题。缓冲的目的在于中和，而非引导。

政客们有时会用一种被称为“不也主义”（whataboutism）的转移策略来回避问题。作为美国国家公共广播电台驻华盛顿的政治记者丹尼尔·库尔茨勒本（Danielle Kurtzleben），对“不也主义”十分熟悉。她将这种策略描述为“被带到了全球层面的学生之间的斗嘴”，并将其定义为：

> 当甲方指责乙方做了某件坏事时，乙方通过指责甲方所做的另一件坏事来转移话题——“哦？你不也做过那件坏事吗？”

可悲的是，许多媒体和公众早已对这种愚蠢手段习以为常，很少会让政客们为此买单。

这种令人费解的情况不禁让人想起《爱丽丝镜中奇遇记》（*Through the Looking-Glass*）中爱丽丝问特威丹（Tweedledum）和特威帝（Tweedledee）哪条路可以走出森林。特威帝朗诵了《海象与木匠》（*The Walrus and the Carpenter*）作为回应。这首长诗的高潮如下：

> 但已无人作答。

爱丽丝接受了特威帝的避而不答，你的商界观众可不会接受。

本书在第 3 章中讲述了 RIM 公司首席执行官迈克・拉扎里迪斯在 BBC 采访中的争辩式反应。随后，迈克・拉扎里迪斯又出现在备受关注的全数字化大会（All Things Digital）上，试图再次力挽黑莓颓势，重振黑莓雄风。全数字化大会是由《华尔街日报》首席技术专栏作家沃尔特・莫斯伯格（Walt Mossberg）及其搭档卡拉・斯威舍（Kara Swisher）共同主持的会议。当两位记者采访拉扎里迪斯时，莫斯伯格向他问道：

> 大家都已经实实在在地感觉到你们公司落后了……在过去几年里，你们的领先地位发生了一些变化，你是否认同这种说法？

拉扎里迪斯立马回答道：

> 我不认同这种说法……问题是，在我看来，我们是在经营一家企业，我们在为客户提供价值。我们打造了……嗯……我们，可以说，是我们开创了智能手机系统。至少，黑莓是目前市面上具有真正推送功能的智能手机。嗯……我们从未停止创新，也从

未停止对研发的投资，我们决定通过技术走向全球。为此，我们以当前的可用网络技术为目标。

莫斯伯格插话道：

这是否意味着你们把自己束缚住了？这是你们这种决定的代价吗？

拉扎里迪斯再次否认道：

我认为，我们的决定是……我们需要进入多核处理阶段。因为我们意识到这些东西……这些设备耗电量很大。而且，当面对笔记本电脑的千兆赫问题时，我们开始意识到，我们需要做的是以较低的速度运行多个内核。这是非常技术性的东西，也一直是我们公司获得成功的原因。

莫斯伯格让拉扎里迪斯继续谈了一会儿，然后说道：

我不理解这些意味着什么，但我相信它们的确不错。

采访结束后，斯威舍在博客中写道：

我们的问题是，为什么 RIM 公司的旗舰产品黑莓手机会在智能手机激烈的市场竞争中败下阵来，为什么黑莓手机没能赢过更具创新力的市场后来者——苹果的 iPhone 和谷歌的安卓手机。然而，他并没有回答我们的问题。

《华盛顿邮报》的科技专栏记者罗伯·佩格拉罗（Rob Pegoraro）在一篇文章中对斯威舍的观点表示认同：

说真的，RIM公司难道还没认清其竞争对手究竟是谁吗？该公司几乎是在被苹果公司全方位碾压。以答非所问的方式回避采访中的问题，无法扶大厦之将倾。

当采访对象以逃避的方式应对问题时，莫斯伯格、斯威舍和佩格拉罗都没有善罢甘休。

消费者新闻与商业频道“Squawk Box”栏目的联合主播贝蒂·奎克（Betty Quick）同样如此。在采访英国的糖果制造商吉百利公司（Cadbury）的美国区总裁布拉德·欧文（Bard Irwin）时，她问道：

我们一直在讨论可可的价格，这是一个经历了价格大幅上涨的市场。我们想知道，这对你们公司有什么影响吗？可可的价格，以及其他商品价格的上涨，对你们公司的盈亏有什么影响吗？

欧文回答：

嗯，我们……呃……我们目前正在全力推进公司的业务，公司发展得也相当不错。因此……呃……我们对未来很乐观。

在面对尖锐问题时，许多受访者会像欧文那样给出含混不清的积极声明，记者将这种回应方式视为“波丽安娜”（Pollyanna）策略，并讽刺意味十足地以“没什么好看的，散了散了”来对其进行描述——这原本是警察为赶走犯罪现场的围观者时所说的话。

奎克立即看穿了欧文的伎俩，要求他直接作答：

但商品价格呢？许多商品价格都在上涨，你们公司将如何应对？

欧文回避与可可价格上涨相关的问题，转而谈到了口香糖：

嗯……我们……呃……如你所说，我们所做的事情之一是通过创新来提升产品价值。现在，我们推出了一款产品是……呃……Trident Extra Care 无糖口香糖。

此时，电视屏幕上由欧文切换为一张可可价格上涨的动态图，而奎克再次强调了她的问题：

举个例子，如果可可的价格在一年内上涨 75%，那么你们公司面对成本上升的情况，如何提高利润率？

欧文转而使用政客们常用的另一种策略——"不予置评"：

嗯……我无法判断，你知道的，可可的价格在未来可能会上涨，也可能不会。

奎克迅速反驳：

可可的价格去年已经上涨了。那么，你们公司是如何应对的？

欧文又回到了之前使用的"波丽安娜"策略：

嗯……啊……你知道的……我们一直在努力创新我们的产品，提供更具价值的新产品，并继续拓展我们的业务……

"Squawk Box"栏目的另一位联合主播乔·科恩（Joe Kernen）原本一

直在倾听奎克和欧文之间的谈话。此时，他再也听不下去了：

就是说你们公司的产品美味、价格合理呗，欧文？你对整个行业所发生的任何事情都无法提供答案吗？那么我们可以提关于竞争对手的问题吗？此类问题合理吗？还是说，你在这类问题上也没法给我们提供任何答案？

像所有媒体同行一样，奎克和科恩在采访时会像动物捕猎般，绝不善罢甘休。

有时候，议员们穷追不舍的态度甚至比记者还要坚定。在一次国会听证会上，美国众议员凯蒂·波特（Katie Porter）利用她作为诉讼律师的丰富经验，试图让时任美国疾控中心主任的罗伯特·雷德菲尔德（Robert Redfield）博士回答一个直白的问题：

雷德菲尔德博士，您可否以现有职权承诺，无论有无医保的美国公民都将获得免费的新冠检测？

雷德菲尔德没有回答“可以”或者“不可以”，而是说：

嗯……我只能说，我们将竭尽全力，确保每个人都能得到所需的照顾。

波特对这个回答并不满意，再次说道：

不，这还不够。请不要浪费时间。雷德菲尔德博士，您能否现在做出承诺，保证您将行使法律赋予您的权利，在当前的情况下为美国公民免费提供检测、治疗、体检和隔离？

雷德菲尔德再次回避了以“可以”或者“不可以”作答，说道：

> 我要说的是，我将与疾控中心和相关部门一起评估该方案的细节。

波特坚定不移地说道：

> 请不要浪费时间，雷德菲尔德博士。我和议员罗莎·德·劳拉（Rosa de Laura）、劳伦·安德伍德（Lauren Underwood）在一周前就给您写了信。我们在信中指明了您现有的职权，并阐明了这一问题。我们要求您在昨天之前做出答复，但您迟迟未能给予回应。您是否承诺行使美国联邦法规赋予您的权利，为无论有无医保的美国公民都提供免费的新冠病毒检测？

政客们通常不直接表态，而是以“我们会做进一步研究”来予以回应。雷德菲尔德先是称“我们将评估方案细节”，后又以不同的措辞拒不表态：

> 我想说的是，疾控中心目前正和健康与社会服务部（HHS）合作，我们将进一步探讨如何具体操作。

严格来说，字典中的确存在“具体操作”一词，但在威廉·萨菲尔看来，该词体现出了“糟糕的表达风格”。本书在第 4 章中介绍过威廉·萨菲尔，他曾为美国总统撰写演讲稿。在一篇为《纽约时报》“语言”专栏所撰写的精彩文章中，萨菲尔将这种风格表述为“动词化……将名词、形容词等转化为动词”。“可操作性”是形容词，“具体操作”是动词。可能萨菲尔会认为，对雷德菲尔德而言更合适的表述是：“如何让免费检测更具可操作性。”

“动词化”意味着对方在“打官腔”，而波特绝不接受这种态度：

> 雷德菲尔德博士，我希望您能慎重作答。因为您的答案对我和每个美国家庭而言，都将带来重大影响。

雷德菲尔德坚持以“具体操作”作答：

> 我们旨在确保每个美国公民在疫情期间得到他们所需的照顾和治疗，我目前正在和健康与社会服务部合作，我们将共同商议如何具体操作。

坚定的波特再度礼貌地反驳道：

> 雷德菲尔德博士，我们暂时不需要您具体操作。您只需要在此向美国公民做出承诺，承诺他们将获得免费检测即可。您可以明天再商议如何具体操作。

面对波特的不懈坚持，雷德菲尔德终于松口：

> 我认为你是一个十分优秀的提问者，我的答案是“可以”。

波特极具说服力的反击在华盛顿并不常见。多数议员尽管有着坚定的决心，却依旧无法从证人那里获得答案。这些证人在提供证词之前接受了精心训练，因此他们总能成功回避尖锐问题。

为调查职业橄榄球员在运动中引发的脑损伤，众议院司法委员会举行了听证会。美国橄榄球联盟（NFL）总裁罗杰·古德尔（Roger Goodell）在回答议员玛克辛·沃特斯（Maxine Waters）的问题时的表现，显然是接受过精心训练的。沃特斯问道：

我想知道，在目前正在进行的协商中，你们将如何处理橄榄球运动员的脑损伤和其他运动伤害，以及这些伤害对运动员们今后的健康所带来的影响？

这位议员问题的关键词是“目前”，即七大普遍议题中与时机或时间相关的问题，古德尔却用未来时态来作答：

好吧，再次申明，我们正处于协商的早期阶段，但我相信我们将以负责任的态度妥善处理这些问题。我们以后才能明确告诉你，我们已经解决了这些问题。

切勿以不同时态作答，切勿“动词化”，切勿说“我们会做进一步研究”或者“不予置评”，切勿使用“波丽安娜”策略，切勿以“没什么好看的，散了散了”的态度作答，切勿像特威帝对待爱丽丝那样以一份含混不清的答案来逃避观众的问题。

请按《梦幻成真》中那句著名台词行事，即“如果他们有所问，你就必须有所答”。

为确实不便作答的问题给出正当的理由

在第 9 章中，我们讲过要以这种态度来应对无关问题，而对相关问题来说更应如此。无论观众向你抛出何种问题，你都要回答，除非你有不作答的正当理由。在下列特殊情况中，你可以拒绝作答。

- **竞争性。**正如军事指挥官从不透露其兵力、阵地或作战计划的细节那样，你也完全有理由不透露你们公司竞争战略的细节。
- **法律。**对于任何诉讼情况都应坦承，并转交给法律顾问作答，但随后要立即说明你为捍卫自身观点采取了哪些具体措施。
- **谣言。**把谣言留给社交媒体，它不属于商界。
- **政策。**你可以引用公司政策来拒绝回答问题，但要以积极而非消极的态度来拒绝。与其说你们公司不能做什么——“我们无法提供此类机密信息”，不如说你们公司能做什么——“我们只在新闻稿中公布此类信息”。
- **机密。**如果提问者向你抛出一个机密性或限制性较强的问题，而你说：“我不方便透露”，这会让你听起来像是在回避问题。你更不能说：“如果我回答了你，那你可就留不得了！”面对此类问题，你只需为相关问题的机密性提供一个理由，例如安全、隐私、计划或战略等。

在一次面对体育记者的提问时，尼克·萨班（Nick Saban）拒绝回答问题的理由十分充分。作为阿拉巴马大学橄榄球队的主教练，萨班拥有着令人惊羡的财富。十多年来，不仅他的球队在每个赛季都有着惊人的表现，而且球队中的明星球员也经常在橄榄球联盟中获得超级明星称号。几乎所有教练都需在赛后接受简短的采访，萨班同样如此。但教练的主要责任是建立并维护团队精神，因此他避免回答那些试图挑起争端的问题。

球队中两名四分卫在某场比赛中表现优异，一名记者在赛后向萨班问道：

> 教练，比赛开始前，大家都在关注谁将担任四分卫。今晚看了他们两人的表现之后，您对此怎么看？

像其他教练一样，萨班刚开始也给出了能够体现体育精神的标准答案：

他们两人我都很喜欢。我认为他们两人都是很棒的球员，都能为球队效力。

但随后，他认为这个问题已经越界并予以反驳：

为什么你一直试图让我说一些不尊重某位队员的话？我不会这么做的，所以别再问了！

除了上述特殊情况，无论问题有多尖锐，你都必须直接作答。作答时，我们应以拉丁语短语“quid pro quo”为指导。它的意思是“交换”或者“对等”，我们将在下一章对此展开深入探讨。

TIPS

魏斯曼完美演讲

切勿以不同时态作答，切勿在回答中将名词和形容词转化为动词，切勿说“我们会做进一步研究”或者“不予置评”，切勿用回避的方式应对问题，切勿以“没什么好看的，散了散了”的态度作答，切勿以一份含糊不清的答案来逃避观众的问题。

IN THE LINE OF FIRE

HOW TO HANDLE TOUGH QUESTIONS... WHEN IT COUNTS

第 12 章

在“对等原则”指导下简洁作答

以眼还眼，以牙还牙。

——《汉谟拉比法典》

据《牛津词典》记载，1535 年左右，人们在医学界首次使用了“quid pro quo”。从那时起，该短语用于表达“交换”“对等”等意思，其使用范围也扩展至法律文件、商业谈判、社会交流，甚至人际关系等领域。该短语同样是问答循环下一步——回答所提问题的完美指导方针。对于任何问题而言，正确的回答方式是告知观众他们想了解的信息。

当你邀请观众提问时，你便承担起了全面作答的义务。除非你不知道答案或者出现第 11 章中所列出的特殊情况，否则必须对每位观众所提的任何问题作答。不仅如此，你还必须直接针对问题中的罗马柱作答。

现在，无论是针对七大普遍议题，还是与你所属行业或所在公司有关的独特主题，你都已经确定好了立场。这意味着你已经做好了针对不同问题给出对应答案的准备，如图 4-4 所示。为方便阅读，在此重复为图 12-1。

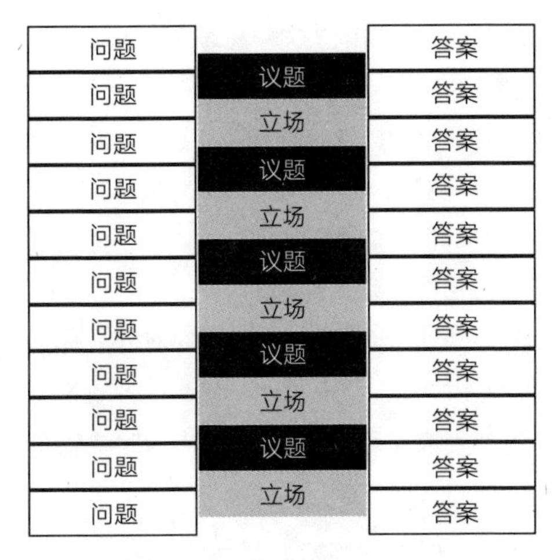

图 12-1　针对不同问题给出对应答案

先确定立场，再表态

针对七大普遍议题的立场，我们在此提供了一些用于表态的选项。

- **价格或成本：** 太高？太低？太多？太少？

  立场： 为你的定价提供一个理由；参考附加价值，例如服务、兼容性或长期拥有成本。
- **竞争或差异化：** 你如何展开竞争或做到差异化？"

  立场： 阐述你的竞争策略；参考产品质量、强大的伙伴关系、知识产权或客户评价。
- **资历或能力：** 你能否胜任这份工作？

  立场： 阐明你的相关资历、先前获得的成果或团队经验。
- **时机：** 太早？太晚？

立场：阐明选择该时机的原因；参考市场情况、趋势或公司成熟度。

- **增长或展望**：你将如何实现目标？

  立场：描述你的规划以及时间表。

- **突发状况**：如果发生……你将如何应对？

  立场：阐述你的保障措施。

- **疑虑**：你面对何种挑战？

  立场：坦承你所面对的挑战，并阐明你为避免陷入困境所采取的措施。

接下来，让我们深入探讨两个以对等原则应对尖锐问题的实例。

彼得·罗林森（Peter Rawlinson）是美国电动汽车制造商 Lucid 公司的首席执行官兼首席技术官。在接受消费者新闻与商业频道 Squawk on the Street 栏目的采访时，罗林森以“对等原则”为指导，对一系列尖锐问题做出了直接回答。第一个问题由联合主持人卡尔·昆塔尼拉（Carl Quintanilla）提出，该问题是“你为什么认为你们公司能够打败行业巨头”的变体：

> 几年之后，苹果公司很可能进入汽车行业；更明确的是，特斯拉、通用汽车都已经在该行业深耕多年；福特公司以及一些欧洲豪华汽车制造商也开始加入市场竞争。那么，你认为你们公司应如何定位？

罗林森打扮得利落干净、十分得体，他站在一辆白色 Lucid 电动汽车的照片前。照片中，Lucid 电动汽车造型优美，周围是郁郁葱葱的棕榈叶。听到问题后，罗林森先是点了点头，接着用纯正的英国口音开始描述起 Lucid 的市场定位：

> 我身后的照片展示的便是我们公司的第一款车 Lucid Air。我

们最初的目标是打入豪华车市场。该市场由几家大型企业占主导地位，例如奔驰、奥迪、宝马、保时捷。但这几家公司有一个共同点，即它们都只生产燃油车。豪华车市场上还没有电动汽车。

随后，消费者新闻与商业频道的“名嘴”吉姆·克莱默（Jim Cramer）加入了讨论。他带着几分讽刺的意味向罗林森问道：

我正在考虑要不要用信用卡预定一辆价格为16.1万美元的Air Dream Edition电动汽车。这样做好不好？……现在有多少人在预订各款Lucid Airs？每天大约有多少订单？

面对克莱默的讽刺，罗林森笑了笑，优雅地回答道：

这个决定当然很棒，克莱默，你的品位无可挑剔。我们的订单量很大，而且与日俱增。

随后，克莱默再次抛出“你为什么认为你们公司能够打败行业巨头”以及“为什么你们的产品收费这么高”这两大尖锐问题。在克莱默看来，Lucid妄想打败特斯拉简直就是痴人说梦。当他表达自己的难以置信时，他特有的高亢声音显得更加尖锐：

我为什么要花比特斯拉高那么多的价格去买一辆Lucid？每个人都喜欢特斯拉，不是吗？毕竟，特斯拉有着相当高的消费者满意度。

温文有礼的罗林森以泰然自若的神情和一贯的自信风格，毫不迟疑地给出了答案：

你说得完全没错！我的意思是，特斯拉确实很棒，这也是它在市场上一直处于领先地位的原因。特斯拉当然也已经认识到这是一场技术之争，因此它的市值如此之高。

紧接着，罗林森将话锋转到了 Lucid 上：

就产品而言，我不认为我们是特斯拉的直接竞争对手。但就技术而言，将我们与特斯拉进行比较当然十分合理。……Lucid 的与众不同之处在于其内部技术和世界一流的电动汽车技术。

虽然我从未有幸得见彼得·罗林森，但我相信他能够如此成功地应对与“行业巨头”特斯拉相关的问题，与他在回答之前早已做好了充分准备不无关系。

本书第 8 章中已经讨论过一个与巨头之争相关的案例，即行业巨头华特·迪士尼公司宣布进入以奈飞为主导的线上娱乐领域。当一位分析师询问奈飞的首席执行官里德·哈斯廷斯对华特·迪士尼所带来的竞争威胁有何看法时，哈斯廷斯刚开始缓冲了一下：

市场上确实出现了许多新的有力竞争者……

随即，他便以“对等原则”为指导，继续坦率地承认了奈飞所面临的竞争威胁：

……迪士尼进入市场、HBO 获得额外资金，以及两家大型法国广播公司合并，这些事情都很正常，也都在预料之中。所以，事实既已如此，我们无法改变。

紧接着，哈斯廷斯补充说明了对奈飞竞争力的定位：

我们将重点放在打造最佳内容、最佳用户界面、最佳推荐机制以及最佳营销策略上。许多年来，我们一直如此……

最后，对奈飞即将展开的有力竞争，哈斯廷斯表示自己充满信心：

……未来将继续如此。

虽然迪士尼对奈飞、特斯拉对 Lucid 均造成了巨大的竞争威胁，但奈飞和 Lucid 的首席执行官都坦然承认了这一点，并对各自公司的有效竞争力进行了定位。

将回答控制在 60 秒以内

请抵制住诱惑，不要在问答环节引入离题的信息。在演讲结束后，许多演讲者在问答环节中的表现无异于转向了另一场演讲。此时，你应假定自己已经讲述了一个完整的故事。开启问答环节的唯一目的，是澄清或阐明你已经讨论过的信息。除非观众要求提供新的信息，否则就不要这么做。

同样地，尽量做到简洁明了。你还需要抵制住其他常见的诱惑，即大谈特谈、滔滔不绝或者试图完成不可能完成的任务。

在 T-Mobile 的一场季度财报电话会议上，该公司十名高管团队成员并排坐在一张长桌前，面对一排视频显示器，对分析师所提的问题予以作答。来自摩根大通（J.P.Morgan）的菲尔·库西克（Phil Cusick）向该公司的技术总裁内维尔·雷（Neville Ray）提了一个问题：

内维尔，到目前为止，你认为 5G 与 4G 给客户带来的体验有什么不同？你能谈谈如今 5G 网络的利用率，以及 5G 网络的推广和普及将给用户体验带来怎样的变化吗？

作为整场财报电话会议的主持人，时任 T-Mobile 首席执行官的约翰·莱格尔（John Legere）转头看了看雷，并在将问题交给他作答之前打趣道：

现在，我们得将问题交给内维尔·雷来回答了。他会针对 5G 与 4G 带来的客户体验有什么不同，与大家分享他的看法。对于那些想要稍作休息的人，我建议你们抓住现在这个机会。

所有高管都爆发出笑声，包括内维尔在内。接着，内维尔好脾气地说道：

我会简短作答……我保证很快答完……

然后，他用了 2 分 15 秒作答。

在面对注重细节的分析师时，技术负责人提供这个程度的细节量是合适的。但大家的笑声，也清楚地表明了商界观众并不喜欢长篇大论的回答。

一个简单的、适用于大多数场合的法则是，将你的回答控制在 60 秒以内。

现将本书到目前为止所讲述的要点总结如下。

- 认真倾听，直至识别出问题中的罗马柱。

- 找准罗马柱后，用关键词进行缓冲，获得对方的点头认可。
- 在“对等原则”的指导下，以简洁明了的方式作答。

掌握了这些技巧后，无论是与七大普遍议题相关的问题，还是与你所属行业或所在公司相关的问题，抑或是需要予以特别处理的 6 种特殊类型的问题，你都能轻松应对。究竟是哪 6 种特殊类型的问题，我们将在下一章揭晓。

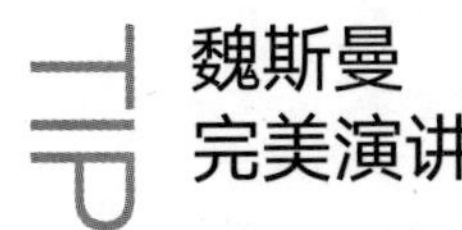

对任何问题而言，正确的回答方式是告知观众他们想了解的信息，并且将回答控制在 60 秒以内。

IN THE LINE OF FIRE

HOW TO HANDLE TOUGH QUESTIONS... WHEN IT COUNTS

第 13 章

为 6 种特殊问题设计特殊答案

> 不是每个问题都值得回答。
> ——普布里乌斯·西鲁斯（Publilius Syrus）

简短回答离题的问题并迅速回到主题

科林·鲍威尔有言：“没有愚蠢的问题，只有愚蠢的回答。”同理，也不存在无关紧要的问题，但的确存在离题的问题。例如：

为什么你们品牌商标的字间没有空格？

对于大多数常见商业主题而言，该问题属于离题问题，除非你的演讲是关于标志设计的。但与对待其他问题一样，你同样要以“对等原则”来应对此类问题。我们可以通过两种方式作答。无论选择哪种方式，你都应首先通过关键词“标志设计”来进行缓冲，并以此来遏制住自己嗤之以鼻、皱眉或翻白眼的冲动。你还应牢记鲍威尔的告诫：“绝不能有这种反应，也绝不能以高人一等的姿态作答。”

方式一：直接作答。

作为品牌决策的一部分，我们决定选择这种风格。因为这种设计风格是我们行业的流行风格，我们希望与其他企业保持同步。

方式二：私下再说。

我们选择这种设计风格有几点原因，我可以在演讲结束后与你分享。

有些问题明显离题千里，第 8 章中爱莉安娜·格兰德参加电台节目的目的是为新歌做宣传，而电台 DJ 却问她化妆品和手机哪个更重要。在面对这类问题时，你可以借鉴格兰德的做法：**简短作答，然后迅速回到自己的主题上。**

对错误假设式问题当场反驳

本书第 10 章讨论了科林·鲍威尔应对两个错误假设式问题的案例。一位记者问“美国现在是否有在枪口下传播其价值观的计划”，另一位记者则问“美国是否有意充当‘世界警察’”。时任美国国务卿的科林·鲍威尔立即回答道：“没有，当然没有。”他的做法与来自斯泰森大学的罗纳德·霍尔教授以及《华尔街日报》专栏作家安迪·凯斯勒的建议如出一辙：**永远不要去回答一个错误假设式问题，而应当场予以反驳。**

祖睿（Zuora）的创始人兼首席执行官左轩霆（Tien Tzuo）就是这么做的。祖睿是一家以订阅模式为企业客户提供服务的软件公司，我曾有幸为左轩霆针对 IPO 路演的问答环节提供指导。随后，祖睿顺利上市。在一次季度财报电话会议中，来自高盛的分析师克里斯·墨文（Chris Merwin）提了一个问题，暗示祖睿在金融服务领域错过了机会：

> 我的问题之一是关于垂直领域的。我知道，从产品进入市场策略的角度来看，你们专注于一些核心的垂直市场，也取得了巨大的成功。现在，我听说金融服务领域对这方面的需求也很大。但很明显，你们公司在该领域的业务量并不大。所以，你能不能从产品进入市场策略的角度，谈一谈你们公司的重点垂直市场，以及你们将如何实现预期目标？

左轩霆当即纠正了分析师的说法：

> 我想澄清一点，我们从来没有说过要把公司的业务范围限制在现有的3个垂直领域中。

随后，左轩霆解释了祖睿准备全力进入新的垂直领域的计划：

> 但我们不会说，嘿，不如直接把电话簿交给销售代表，让他们给企业挨个打电话。这种方式对于金融服务领域而言显然不够聪明。……如果我们能将需求挖掘的重点，放在我们认为增长最快以及我们做好了最充分准备的垂直领域，将大大提高我们的工作效率。

Twitter是一家社交网络服务公司，其联合创始人兼前任首席执行官杰克·多西（Jack Dorsey）认为，在面对错误假设式问题时，必须以更加坚决的态度予以反驳。

在众议院消费者保护和商业小组委员会就社交媒体审查举行的听证会

上，众议院议员格斯·迈克尔·比利拉基斯（Gus Michael Bilirakis）指责多西没有对执法部门开展保护儿童的工作予以配合：

> 在去年的一次听证会上，我们收到的证词称，自 2016 年以来，Twitter 有意减少了与执法融合中心共享与威胁相关的数据。你很清楚，在 Twitter 和 Periscope 上，无论是试图诱导儿童并对他们进行猥亵、引诱女性进行性交易的恶棍，还是出售非法毒品、煽动暴力，甚至威胁谋杀警察的危险分子，与其相关的流量都已大幅增加。你是否愿意恢复合作、保留证据，并尽力配合执法部门开展保护弱势群体的工作？

按照霍尔教授的说法，此时多西无论回答“愿意”还是“不愿意”，都等于承认了比利拉基斯指控中的假设，即 Twitter 没有与执法部门合作。相反，多西驳斥了比利拉基斯的指控，并认为他的说法极为荒谬：

> 首先，我们的平台上不可能存在儿童剥削，绝对不可能。我们经常与当地执法部门展开合作。

比利拉基斯重申了其错误假设：

> 所以，你是说我刚才所说的并不属实？你是否愿意恢复……恢复……也就是说，你们现在并没有这么做……恢复合作、保留证据，并尽力配合执法部门开展保护弱势群体的工作？

虽然多西愿意合作，但他绝不同意称 Twitter 在此之前没有与执法部门合作：

> 我们很乐意与你们合作，并更详细地了解你们所观察到的情况。但我们经常与执法部门合作，我们之间早已建立了深厚的合

作关系。

多西坚决的态度令比利拉基斯措手不及，他过了一会儿才从震惊中缓过神来。此次，他没有再度申明错误假设，而是重复并确认了多西的立场：

所以，你是说我刚才所说的并不属实？

尽管比利拉基斯做出了让步，但多西依然选择了再度申明合作意愿：

我不认为我们没有配合执法部门开展相关工作，但我很想知道你会如此认为的具体原因。

比利拉基斯试图重新表述其诉求，不料语句却越发混乱起来：

你们以后……是否愿意去……做我之前所说的、你们未能做到的事情？呃……配合我们展开工作？

多西始终坚持自己的立场：

我承诺我们将继续做我们正在做的事。

由于找不到其他方式来表达自己的诉求，比利拉基斯最终选择了屈服：

什么事呢？

多西重申了自己的立场：

与当地执法部门合作。

通过对同一错误假设式问题连续进行 5 次反驳，杰克・多西展现出了每位演讲者在问答环节中都应表现出的全面掌控和决心。

对应知而未知的问题直言不知

当面对一个超出你职权范围的问题，或是被问及一些微不足道的细节而你并不知道答案时，你大可直说你不知道。没人指望你什么都知道。但是，在你回答“不知道”后，你需要向对方保证你将从公司知道答案的人那里获得答案，并及时提供给对方。此时，你还应请求对方给你一张名片，以便日后联系。

但是，如果问题在你的职权范围之内，那么你必须直接作答。

在众议院能源和商业委员会就剑桥分析公司（Cambridge Analytica）丑闻所举行的听证会上，应邀出席的Facebook首席执行官马克·扎克伯格（Mark Zuckerberg）原本打算直接作答。在听证会之前，Facebook公司聘请了来自华盛顿特区一家知名律师事务所的威尔默·黑尔（Wilmer Hale），来指导扎克伯格如何回答议员的问题。此外，正如《纽约时报》所报道的那样，Facebook的沟通团队还与一支专家团队举行了多场模拟听证会：

> 专家团队成员中还有一位是乔治·H.W.布什总统的前特别助理。此举的目的在于让33岁的扎克伯格先生通过“谦逊和魅力速成班”来为听证会做好准备。扎克伯格是一位智力发达却不喜欢在公众面前讲话的程序员。

就谦逊而言，扎克伯格做得相当不错。在面对美国众议员亚历山大·奥卡西奥-科特兹（Alexandria Ocasio-Cortez）所提出的问题时，扎克伯格大多以“议员女士”的尊称开始作答。

然而，他具体的回答内容要另当别论了。

奥卡西奥-科特兹问道：

> 扎克伯格先生，你是在什么时候第一次知道了剑桥分析公司的事？

扎克伯格回答说：

> 我记不……记不太清确切的时间了，可能是在事情刚曝出来的时候，我想是在 2018 年 3 月左右……但也可能记错了。

奥卡西奥-科特兹从另一个角度再次问道：

> Facebook 首席运营官谢丽尔·桑德伯格（Cheryl Sandburg）女士是什么时候知道了剑桥分析公司的事？

扎克伯格回答说：

> 我……我也记不清了。

奥卡西奥-科特兹的回应是：

> 你记不清了。在《卫报》（*The Guardian*）于 2015 年 12 月 11 日首次报道该事件之前，你们公司领导团队中是否有人知道剑桥分析公司的事？

扎克伯格回答说：

> 呃……议员女士，我想应该是有的。当时有人在公司内部跟踪关注这件事。

奥卡西奥-科特兹正打算问另外一个问题时，扎克伯格突然想起来：

> 实际上，我知道这件事……你的问题让我回想起，我当时的确知道剑桥分析公司，但我不确定当时是否在跟踪关注他们具体如何使用 Facebook。

奥卡西奥-科特兹再度从另一个角度表述了该问题：

> 你是什么时候与董事会成员彼得·蒂尔（Peter Thiel）讨论这件事的？

扎克伯格再次声称自己不记得何时与董事会成员讨论过这一事件：

> 呃……议员女士，我不……我不记得了。

奥卡西奥-科特兹感到不可思议：

> 你不记得了？这可是你们公司最大的数据丑闻，并对 2016 年的美国总统大选产生了灾难性的影响。你居然不记得了？

在以“避而不答”的方式回应提问方面，最为臭名昭著的例子发生在 2001 年安然公司（Enron）的财报电话会议上，这家能源公司最终因财务造假的丑闻而倒闭。该公司的股价从那次财报电话会议 6 个月之前的每股 90 美元左右跌至每股 60 美元。雅虎财经（Yahoo! Finance）的一篇报道称，该公司股价下跌的很大一部分原因，是 Highfields Capital 公司分析师理查德·格鲁布曼（Richard Grubman）的“不断追击”。

在财报电话会议上，格鲁布曼向安然公司负责投资者关系的执行副总裁马克·科尼格（Mark Koenig）提问道：

你能否告诉我们季度末价格风险管理的资产和负债情况？你能提供资产负债表吗？

科尼格回答说：

资产负债表尚未完成，我们将在季度报表归档之后再完成资产负债表。在将所有相关报表整理好之前，我们不能提供给你。

格鲁布曼对科尼格的回答很不满意：

好吧……我可以问你……我的意思是，既然你已经说过信用管理属于你的日常工作，那么我不理解为什么我的要求在你看来是不合理的。我的意思是，你们交易平台上的对应账簿高达210亿美元，这是账面价值的两倍，但你无法给我们提供任何财务报表？

科尼格依旧“打太极”：

我并不是说我们无法提供。我们手头上当然有这些数据，但现在我们必须等其他报表完成后再一起公布。但是……

格鲁布曼感到不可思议：

但是，你们是唯一一家无法用收益来编制资产负债表或现金流动表的金融机构。

这时，安然公司的首席执行官杰弗里·斯基林（Jeffrey Skilling）突然加入了电话会议，并对格鲁布曼进行了辱骂。这一臭名昭著的事件加速了安然公司的倒闭。4个月后，斯基林辞职。同年年底，该公司申请了破产保护。

亚历山大·奥卡西奥-科特兹和理查德·格鲁布曼之所以觉得难以置信，是因为他们所寻求的答案在马克·扎克伯格和马克·科尼格的职权范围之内，属于其理应知晓的信息。人们完全有理由认为，一位首席执行官理应知晓公司内大型事件的关键细节，一位负责投资者关系的执行副总裁也理应具有资产负债表等相关数据。无论是假装不知道，还是忽略问题，甚至是无故拒绝，都是观众无法接受的回应。

你应如何应对？

按照对等原则予以回应。

避免对有关公司前景的问题作出承诺

上市公司的高管团队会尽量避免发表前瞻性声明，除非是为了对之前传达给整个市场的指导意见做正式修订。因为即便是最完美的计划，也存在无法实现的风险。作为一种保护措施，应美国证券交易委员会的要求，上市公司在所有书面文件和口头报告中都必须包含一项“安全港”（Safe Harbor）声明。当你面对与公司未来潜力相关的问题时，请遵循上市公司的政策：只提供指导，不做任何预测。即便你的公司是私人公司，无论你是在演讲中还是在回答与公司前景相关的问题时，都应避免做出承诺，以保持良好信誉。

你可以通过一个简单的语法技巧来避免给出承诺：不要使用未来时态，例如“将”或者“应”等，转而使用“期望”、“估计”或者“预期”等词语，表明你并不做任何预测，但对前景保持乐观。

为涉及后续内容的问题向前引用

如果你所面对的问题涉及后续演讲内容，那么你可以根据具体情况做出以下两种选择。

选择一：如果该问题涉及的信息较为独立，那么你应完整作答。

举例来说，我们公司所提供的培训课程以本书的内容为基础大纲。当我在培训课程中探讨“积极倾听”时，经常会有人问我“如果的确不知道答案该怎么办”。虽然这个问题我在后续的演讲中会讨论到，但由于这是个直白且独立的问题，我会立刻给出完整答案：

你大可直说你不知道，并保证稍后再为他们作答。

选择二：如果该问题涉及你尚未讲到的内容，那么你可以给出部分答案，同时向前引用。

再以我自己的演讲材料为例。当我在培训课程中探讨“积极倾听”时，有人问我应当如何应对充满敌意的问题，而我又尚未讲到“缓冲”，我会这样回答：

我们可以通过“缓冲”的方式来应对充满敌意的问题。我们将在讲完“积极倾听”后详细探讨该主题。

在这一回答中，“缓冲”是一部分答案，“讲完‘积极倾听’后”则是向前引用。这两个要素让提问的观众确信他们的问题会得到圆满回答。

许多演讲者在面对涉及后续内容的问题时，会以“我稍后会谈到这一问题”来回答。这种方式显然与上述方式形成了鲜明对比。

“我稍后会谈到这一问题”意味着对对方的提问不予理睬，永远不要以这种无礼的态度对待观众。尊重他们，他们就会尊重你；不尊重他们，你将自食其果。

面对敌意的问题扭转话锋，抢回话语权

当一家创业公司进入一个由大公司主导的市场时，首席执行官很有可能会面对一个充满敌意的问题，本书第 8 章中讨论过该问题：

> 市场上有几十家初创公司与你们公司同台竞争，还有那些已经拥有稳定市场份额的大公司！你面对的是许许多多可以为所欲为的行业巨头，而你们公司才刚刚起步！你凭什么认为你们公司能够在这种商业环境中生存下去？

该问题的本质与玛丽莎·霍尔·萨默斯向老布什所提问题的本质并没有什么不同：

> 国债对您的个人生活有什么影响？如果国债对您没有影响，如果您对普通民众的经济问题无法感同身受，那么又将如何切实为我们解决这类问题呢？

虽然这两个问题都令人感到很不舒服，却是不争的事实。初创企业在面对行业巨头时确实面临着巨大的挑战，而像老布什这样的百万富翁，根本

不可能对身陷经济困境的普通民众感同身受。

然而，无论是初创公司的首席执行官还是美国总统，都不必“认罪投降”。

对于“你凭什么认为你们公司能够生存下去”的问题，初创公司的首席执行官可以通过以下方式予以回应。

- **缓冲：** 不妨让我阐述一下我们的竞争战略。
- **同意：** 您说得很对……（用提问者的原话）……市场竞争的确十分激烈。（坦然承认）
- **但是……：** 对对方意见表示肯定的话不可以太长。以“但是……”[①]来扭转话锋。
- **扭转：** ……这并不意味着初创公司毫无生存空间。
- **证据：** 那些大公司大都将多兵少、头重脚轻，有着多条业务线；而我们的单一经营模式既保证了专业性又保证了灵活性，这种经营模式使我们在创办企业的第一年就获得了 15 位大客户。
- **行动召唤或利益：** 我们相信我们不仅能够展开有力竞争，而且能够在这个市场上取得成功——投资我们企业是您明智的选择。

通过对令人不舒服却属实的说法表示认同，你便展现出了坦诚的品质。在如今这个许多公众人物都选择逃避问题的时代，坦诚是一种罕见的品质。在坦然承认问题后，你便可以通过扭转话锋来拿回话语权，继而提出你自己

① 有一个有关由 1 000 个词组成的句子的谚语故事，其中第 999 个词是“但是”，这个转折使前面 998 个词都失去了意义。在面对“充满敌意”的问题时，“但是”减轻或抵消了坦然承认所带来的负面影响。

的观点。

对于萨默斯的问题，老布什原本可以通过以下方式作答。

- **缓冲**：一个有一定经济实力的人如何能够切实……（重述萨默斯的原话）……为那些深受经济问题困扰的普通民众解决问题。
- **同意**：你说得很对……（引用更多萨默斯的原话）……国债并没有给我造成巨大影响。（坦然承认）
- **但是……**：对对方意见表示肯定的话不可以太长。以“但是……”来扭转话锋。
- **扭转**：这并不意味着我不关心。大家都会关心……（老布什的回答正是从这里开始）。
- **证据**：事实上，我非常关心大家的困境。在第一届总统任期内，为了帮助身陷经济困境的人，我发起了 X、Y 和 Z 计划。
- **行动召唤或利益**：如果大家选举我连任，我将发起更多此类计划。

仅承认对方的指控并就此作罢，无异于“认罪投降”。但主动提供负面信息就起到了相反的效果，这种做法被称为“闯入监狱”。

坦然承认问题有一个很好的理由：责任与义务。与某些尴尬的社交场合不同，在演讲情境中，明显存在的问题既不能也不应被忽视。

在某些情况下，此类责任与义务甚至具有强制性。美国证券交易委员会要求，首次向公众出售股票的公司必须在其招股说明书中加入“风险因素”部分。但是，IPO 路演中并不需要使用同招股说明书中一样严苛的表达，商界中其他常见的演讲也不需要使用这种表达。但所有的演讲都必须将负面消息公之于众，否则观众会认为演讲者是在试图隐瞒。

因此，关键在于“何时”以“何种方式”公布负面消息。对于“何时”，你有以下两种选择。

- **先发制人：**直接在演讲中公布。
- **后发制人：**等到观众提出问题时，在回应中公布。

这两种选择都有其特定的风险：在演讲中直接提供的负面信息，可能属于观众原本未曾考虑的问题；而等到观众提出问题才公布负面信息，又可能显得是在刻意回避或想要隐瞒。

无论选择何种方案，你都必须全面、彻底地坦然承认负面信息。但是切记，在承认之后立马阐明你们公司正在采取何种措施来解决或纠正该问题，防止其再次发生。

你们公司可能存在以下情况：

- 定价过高
- 与一个更强大的竞争对手同台竞争
- 未能按期交货
- 季度业绩下滑
- 失去某位重要客户
- 某位高管辞职
- 产品延期发布
- 产品试验失败

在承认此类问题时尽量做到言语简短，紧接着以“但是”来扭转话锋，然后通过提供证据来进行辩护：

- 你们公司产品的价格中包含增值服务
- 你们公司能够提供差异化的产品或服务，因此具有与更强大的竞争对手同台竞争的实力
- 你们公司已经做出改进，并加快了交付速度
- 你们公司正在采取措施拉动销售额，期望获得更好的季度业绩
- 你们公司已经为挖掘更多新客户而聘请了新的销售人员
- 你们公司已经开始寻找新的高管
- 你们公司已经加快了生产计划
- 你们公司已经对产品试验做了修正

接下来，让我们在两个商业案例中，来探讨演讲者是如何通过上述步骤来有效应对充满敌意的问题的。

本书第 9 章中讲过，德意志银行的首席执行官克里斯蒂安·索英如何有效地应对了一个“你何不……”的问题。在那场采访中，他同样有效地应对了美国消费者新闻与商业频道主持人威尔弗雷德·弗罗斯特所提出的另一个充满敌意的问题。该问题如下：

> 德意志银行的规模比以前小了。我的意思是，2015 年的总收入是 370 亿美元，去年降至 310 亿美元。你们不仅营收减少了，员工数量也减少了，回报率也非常低。从如今这个局面来看，想要实现 10% 的权益净利率，无疑是一项艰巨的任务。

索英采用了和前文相同的应对方式，但调换了“缓冲”和“同意”的

顺序。

- **同意：**你说得没错。
- **缓冲：**因此，针对 10% 的权益净利率这一目标，我们是有明确计划的。
- **但是……：**索英在此处没有使用“但是……”，而是使用了“而且……”来扭转话锋。
- **扭转：**关键问题在于，如今……
- **证据：**我们能够以连续几个季度的经营数据，展示出稳定的收入和特许权价值。我认为我们的经营状况良好，同时，我们在成本方面也控制得非常好。
- **行动召唤或利益：**我相信通过已经采取的措施，我们的经营会全面步入正轨。我们将展示出逐年增长的盈利能力，并努力实现既定目标。

身为苹果公司创始人和首席执行官，史蒂夫·乔布斯（Steve Jobs）可谓是成就斐然。即便如此，他也难免会被问到充满敌意的问题。

在苹果公司举办的一次全球开发者大会上，观众席中一名男子站起来向乔布斯问道：

乔布斯先生，你是一个聪明而有影响力的人……

大家都笑了起来，这句话显然是在为“来者不善”的提问做铺垫。乔布斯也笑了起来，他抓起一把凳子，做了个防御性的动作，并说道：

来了来了……

紧接着，这名观众便发起了“进攻”：

但是很遗憾，很多时候你根本不知道自己在说什么。我希望你能清楚地解释一下，Java编程语言如何表达OpenDoc所体现的思维。

乔布斯以其独特的方式，采用与前文相同的框架给出了回应。

- **缓冲：**（苹果公司为何决定停止研发OpenDoc？）你知道吗，有时候你能取悦一部分人。但是，当你想要改变时却很难。
- **同意：**……就像刚才这位先生……
- **但是……：**乔布斯没有说“但是……”，而是停顿了一下。然后，他改变了语气继续说道：“在某些方面他是对的……”
- **扭转：**我相信OpenDoc肯定有一些其他软件无法企及的功能，我对此的确不太熟悉。
- **证据：**我相信你能做些样品，比如做款商用小程序来证明这些。
- **行动召唤或利益：**最难的事情在于如何将巨大的愿景装进去，能让你每年卖出80亿美元或100亿美元的产品。

上述案例中，这些关键的应答步骤带来了诸多益处，我们在后文将会讲到。但是，“同意”这一步是个会带来弊端的例外。

演讲者经常需要向记者讲述他们的故事，记者则会记录下双方交流的内容。在这一点上，演讲者把控制权交给了记者，而记者能够自由复制、出版或播出采访的任何部分。

因此，如果某家初创公司需要与行业巨头同台竞争，而其首席执行官在接受记者采访时，以如下方式回答充满敌意的问题：

你说得没错，行业竞争十分激烈。

然后，记者可以将这句话单独摘取出来，发表到文章或视频中，并在后面加上评论：

初创公司首席执行官承认取得成功的主要障碍在于行业竞争。

因此，当你在与媒体对话时，不要“同意”任何充满敌意的问题，而应当场予以反驳。

对初创公司的首席执行官来说，他可以通过“我对我们公司能在激烈的竞争环境中取得成功有着十足的信心”来反驳对方。

如果老布什并不是在参与一场总统竞选辩论，而是在接受记者采访时，被记者问了萨默斯所提的问题：

国债对我的个人生活也造成了影响，它对您造成了何种影响？如果国债对您毫无影响，如果您无法对我们的处境感同身受，那您将如何切实地帮到我们呢？

而此时，如果老布什回答：

你说得没错，国债并没有影响到我。

那么，记者可以将这句话单独摘取出来发表，并在后面加上评论：

老布什承认他并不了解国债给普通民众带来的影响。

因此，在这种情况下，老布什应当场反驳：

我完全有能力帮助因经济问题而身陷困境的人，因为……

上述面对充满敌意的问题的应对框架，不仅使演讲者对整场演讲做到了全面掌控，而且带来了以下诸多益处：

- 确定了问题中的罗马柱
- 表明了“我在认真倾听”
- 中和了问题中的敌意或挑战
- 坦然承认了提问者的担忧
- 将话题引向积极内容
- 以一个有说服力的信息作为结论

请注意，上述案例中的最后一步，即最后的说服性信息，包含演讲者的行动召唤和采取行动能给观众带来的利益。阅读过“魏斯曼的演讲大师课四部曲”中其他三本书的读者，以及 Suasive 项目的参与者一定都记得，这些技巧都有着特殊的名称。接下来，我将为你简单介绍这些技巧，以便你将它们纳入最佳实践方法之中。

以 B 点和维惠来结束作答

观众进入演讲厅时处于 A 点：不知情、未被说服、不准备采取行动。演讲者的目标在于将观众从 A 点移动到 B 点：充分知情、已被说服、准备采取行动。这种动态转变是说服的艺术，而 B 点是对行动的召唤。

维惠是“这对你来说有什么好处”（What's in it for you）的缩写（读作“whiffy”）。它源自一个更为常见的说法：“这对我来说有什么好处？”从“我”到“你”的刻意转变，不仅是为了利用“你”字与观众建立起直接联系，也是为了将焦点从演讲者转移到观众身上。这种转变向观众指明了从 A 点移动到 B 点的好处和理由。人们采取任何行动都需要理由，而且必须是他们的理由，而不是你的理由。维惠就是他们采取行动的理由。

简单来说，B 点就是你希望观众采取何种行动，而维惠则是他们采取行动的理由。在《魏斯曼的演讲大师课 4》一书中，我敦促演讲者在演讲时尽量阐明他们的 B 点和观众的维惠。

用上旋获得制胜优势

在面对具有挑战性的问题时，以 B 点和维惠来结束作答，意味着你给出了一个强有力且信心十足的结论。在我们公司，将这种结束作答的方式称为“上旋”。与网球术语中的“上旋球”类似，问答中的“上旋”也是一种竞争策略。在网球比赛中，选手在击球时加入上旋球，以产生向前的动力，迫使球落地后以极大的冲力反弹，从而使对手难以接住。因此，“上旋球”是一种能使选手获得制胜优势的有力手法。在问答环节中，“上旋”同样是一种能使演讲者获得制胜优势的有力策略。

我将在下一章中详细阐述上旋，它是问答循环的终极步骤。

TIPS

魏斯曼
完美演讲

· 用“对等原则”应对离题的问题，你可以直接作答，或者选择回复他私下再说，无论哪种方式，你都要简短作答，然后迅速回到自己的主题上。

· 永远不要去回答一个错误假设式问题，而应当场予以反驳。

· 当面对超出职权范围的问题时，你大可直说“不知道”，但在此之后你需要向对方保证你将从知道答案的人那里获得答案，并及时提供给对方。

· 无论你是在演讲中还是在回答与公司前景相关的问题时，都应避免作出承诺，以保持良好信誉。

· 如果你面对的问题涉及后续演讲内容，你有两种选择：一是如果该问题涉及的信息较为独立，那么你应完整作答；二是你可以给出部分答案，同时向前引用。

· 不要“同意”任何“显然有罪”式问题，而应当场予以反驳。

IN THE LINE OF FIRE

HOW TO HANDLE TOUGH QUESTIONS... WHEN IT COUNTS

第 14 章

在回答中应用上旋

吸收有用的，摈弃无用的，加上你独一无二的。

——李小龙《截拳道之道》

身为武术电影巨星的李小龙，同时也是一位知识渊博的学者和读者。在其 2 500 多本藏书中，有一本是孙武的《孙子兵法》。李小龙还曾在其电影《龙争虎斗》中，借角色之口说出了那句“不战而屈人之兵”，以此向孙武致敬：

我的风格？你可以称为“不战而屈人之兵”的艺术。

李小龙在其哲学著作中也阐述了自己关于制胜之道的见解。正如武术是缓冲的隐喻，引语中最后那句短语也正是上旋的隐喻：

加上你独一无二的。

“上旋”与“旋转”截然不同。由于政治家、舆论导向专家、沟通顾问、媒体顾问和公共关系顾问等群体过于频繁地敦促其客户使用“旋转”来传达自己想要传达的信息，如今“旋转”有了负面含义。不幸的是，许多客户选择了追随罗伯特·麦克纳马拉的错误脚步。本书在前文中讲述过罗伯特・麦克纳马拉的案例，他给出了对“旋转”的完美定义：

> 永远不要回答别人问你的问题，而是去回答你希望别人问你的问题。

赢得上旋的权利

你当然有权传达自己想要传达的信息、B 点，以及向观众提供大量维惠，但这需要以回答了观众的问题为前提。在麦克纳马拉的建议中，错误部分在于“永远不要”。我们需要用“总是”去代替“永远不要”，向观众提供一份“对等”的答案或者拒绝作答的正当理由，以此来赢得上旋的权利。

你可能注意到了，图 14-1 中上旋的示意图是呈螺旋状上升的，旨在鼓励你在回答问题时使用多重上旋。你可以将这些螺旋视为拓展目标——就像运动员们在练习中刻意增加难度以提高他们在实际比赛中的表现那样。

图 14-1　上旋

演讲者有时会有忘记讲述重点、B 点的倾向，这会让观众觉得找不到重点。用那些爱找茬的青少年的话来说，即：“你的重点是什么？”演讲者有时还会有忘记讲述维惠的倾向，这会让观众觉得：“这跟我有什么关系？”而螺旋就是为了防止此类倾向的发生。

当你上旋到 B 点和维惠时，你便已经给出了上述问题的答案。

以积极的表述为答案的结语，会让答案更具说服力。标准普尔公司（Standard & Poor's）股票量化研究的高级主管弗兰克·赵（Frank Zhao）开展过一项关于自然语言处理的研究，该研究发现：

> 高管频繁以收入、收益以及盈利能力为主题来描述增长与扩张情况的企业，它们每年的业绩分别比同行高出 9.16%、8.60% 和 6.76%。

从本质上来说，上旋能够为答案增加价值。当答案涉及高深的技术性或科学性细节时，这一点尤为重要。

拥有医学博士学位的尤里·洛帕汀（Uri Lopatin），既是医生、科学家，也是一位连续创业者。在其职业生涯的大部分时间里，他创立并发展了多家生物技术公司，取得了巨大的成功，却从未将科学研究抛诸脑后。作为 Pardes Biosciences 公司（一家开发新型口服抗病毒药物的公司）的首席执行官，洛帕汀曾聘请我为培训讲师，为公司的路演做准备。在培训课程中，洛帕汀想要通过早期效力数据来展示公司的一款试验性药物，如图 14-2 所示。

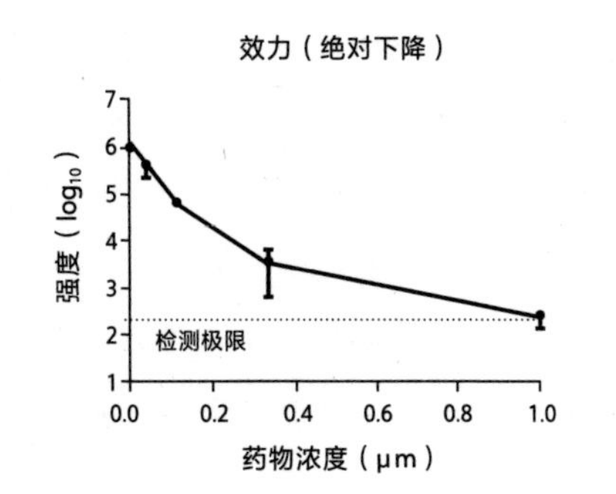

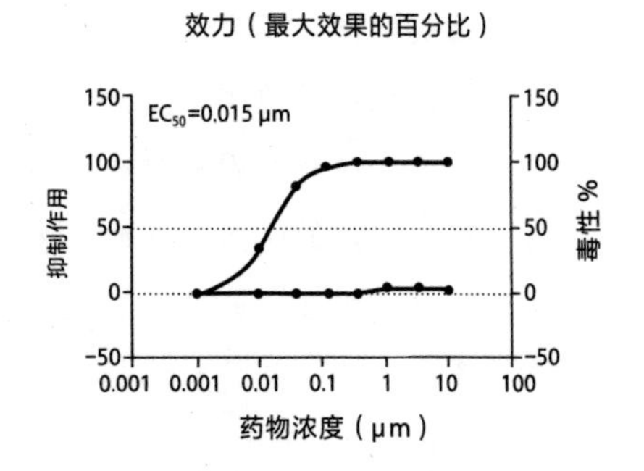

图 14-2　Pardes Biosciences 公司的 PPT

由于大多数投资者并不具备与化学或生物学相关的深厚背景知识，于是我请洛帕汀阐述一下 PPT 的内容。他的描述如下：

> 左边的图表显示的是候选药物在肺细胞中的绝对效应。随着药物剂量的加大（X 轴），药物对病毒的抑制作用（Y 轴）逐渐到达检测极限（最大效应）。右边的图表则通过最大效应百分比对药物的效应进行了描述。在对细胞没有任何毒性的情况下（如较低的直线所示），仅需非常少量的药物（X 轴），便能达到最大效应（Y 轴）。

在他讲完后，我说道：

> 现在请你告诉我，为什么这张 PPT 对于投资者而言意义重大。

洛帕汀回答说：

> 这张 PPT 对于投资者而言意义重大，原因在于生物技术公司希望药物抑制目标病毒十分有效，同时又要保证不伤害细胞中的其他物质，即毒性较低。通常来说，一种药物“药效越强”，那

么获得预期效果的所需剂量就越小。图表中的数字能够反映出候选药物在细胞中的效应，从而使我们能够了解其在人体中的目标剂量。这些图表表明我们拥有一款能够在细胞中发挥效应的候选药物，我们认为该药物在人体中的效应还会超过这一水平。我们希望这些数据能够将这款候选药物推进到人体临床试验阶段。如果我们的设想是正确的，那么我们将在人体上观察到类似的喜人效果。

投资基金经理和分析师有责任对这款药物是否值得投资、其背后的科学理论是否具有足够的可行性和稳定性做出判断。而洛帕汀将维惠作为技术性信息的结语，使他们在不具备相关科学知识背景的情况下也能深刻理解这张 PPT 的内容。

事实上，对于每位想要向金融界观众提供复杂信息的演讲者，无论他们是旨在阐述数据分析、基因组测序、硅电路、人工智能还是软件编码，我都做了同样的要求。即在阐述完技术性材料之后，必须加上一句：

作为投资者，这对你而言十分重要，原因在于……

……然后以上旋来提供维惠。

该方法同样适用于其他领域，无论是向科学界的观众推广金融产品，还是面向其他观众做关于某一主题的演讲，你都必须让观众彻底理解你的行动召唤，以及他们采取行动的理由。

上旋能够为所有问题的答案增加价值。对于七大普遍议题而言，上旋的价值尤为突出，因为它能够抵消问题中的敌意，尤其是当问题较为严重时。

美国联合航空公司（United Airlines，以下简称“美联航”）曝出过一次臭名昭著的公共关系丑闻。为了满足航空公司员工的出行安排，机场警察强行将一名乘客从一趟客满的航班上带走，并在此过程中将其打伤。另一位乘客用手机拍摄视频记录下了这一幕，该视频在社交媒体上引起巨大轰动。事后，美联航的股价受到了沉重打击。

美联航竭尽全力对此事进行了危机公关。但一个月后，在国会众议院交通和基础设施委员会举行的电视听证会上，该事件再度成为公众关注的焦点。听证会上，众议员劳埃德·斯穆克（Lloyd Smucker）对美联航的首席执行官奥斯卡·莫诺兹（Oscar Munoz）进行了抨击：

> 你们没有采取任何措施，至少在如何选择乘客下机的政策方面没有任何变化。这令我感到十分失望，也令我感到不可思议。发生了这种事情后，你们依然没有做出调整，比如要求最后出现在登机口的乘客下机，你们依然坚持以随机算法进行选择。因此，我对你们公司在这方面的行为感到非常失望。

莫诺兹以斯穆克责问中的一个中性词进行了缓冲：

> 我们的政策……

随后，莫诺兹向斯穆克提供了他想了解的信息，即美联航计划如何调整政策以避免此类事件再度发生。

> ……我们今后的政策，将以尽可能保证此类事件不再发生

为目的。我们将及时处理超售情况，并确保机组人员准时到达。最重要的一点是，一旦您已经登机，那么我们绝不会要求您下机。并且，我们将不再允许机场执法人员介入此类事件，他们的职责仅限于安保。这样的话，我想此类问题出现的概率将大大降低……

在以“对等原则”给出答案之后，莫诺兹继而以上旋的方式向客户提供维惠：

……当然，如果再次出现此类问题，我们将有偿征集志愿者，并为该乘客提供到达目的地的其他解决方案……

同时，莫诺兹还向斯穆克提供了维惠：

这还只是一个开始，先生。我们还会继续完善相应政策。您会亲眼看到我们的转变……

最后，莫诺兹以B点结束：

……希望我们能够赢得您的信任。

在面对严重问题时，莫诺兹既给出了坦诚和负责任的态度，又提供了避免此类问题再次发生的计划，因此他能够通过上旋来抵消问题中的负面情绪。我当然希望你遇到的都是些小问题，但重大问题总是不可避免。如果你的确遇到了，那么你可以效仿莫诺兹，采取如下步骤予以应对：

- 通过缓冲来中和
- 以坦诚和负责任的态度对待问题

- 以“对等原则”给出答案
- 上旋至 B 点，使用或同时使用维惠

永远不要在缓冲中进行上旋

上旋固然价值非凡，但切记它有一个重要前提：**你必须以“对等原则”作答之后，才拥有上旋的权利。**无论是受罗伯特·麦克纳马拉启发，还是采取“不也主义”转移策略，那些在没有作答的情况下直接跳至上旋的政客们，实际上并没有赢得上旋的权利。

在面对关于激烈竞争的尖锐问题时，如果演讲者单以“不妨让我阐述一下我们的竞争优势”来作答，那么他也没有赢得上旋的权利。

在面对关于定价过高的尖锐问题时，如果演讲者单以“您仔细想一下就会发现，我们所提供的解决方案从长期来看更加划算”来作答，那么他同样没有赢得上旋的权利。

在上述两个例子中，演讲者尚未作答就直接在缓冲中进行上旋。本书在前文将这两个例子作为反面教材，并在后续章节中再度进行了讨论。这种策略体现出演讲者对提问者和观众极大的不尊重。

永远不要在缓冲中进行上旋，“缓冲”只能用来识别关键议题、中和问题中的敌意或挑战。缓冲之后，你需要以“对等原则”为指导，向观众作答。只有在给出答案后，你才能进行上旋。

用上旋在回答中提供额外价值

本书第 5 章中首次介绍了“问答的循环”。针对“问答的循环”的每一步，你都有需要掌握的关键技巧（见图 14-3），而上旋便是最后一项关键技巧。

图 14-3　Suasive 问答循环

- **开放发言权：**以积极倾听和默读的方式来识别罗马柱。
- **重掌发言权：**对罗马柱进行缓冲，中和问题中的敌意或挑战。
- **回答所提问题：**以“对等原则”为指导，提供简洁明了的答案或者拒绝回答的正当理由。
- **提供额外价值：**抛出 B 点，使用或同时使用维惠。

将问答的循环应用于七大普遍议题

接下来，让我们将完整版的问答的循环逐一应用于七大普遍议题。

价格或成本

- **问题：**你们凭什么定这么高的价格？

- **缓冲：**我们的定价理由是……
- **作答：**描述产品功能、兼容性、附加服务或总体拥有成本。
- **上旋：**从长期来看，我们产品其实更加划算。

通过缓冲将“凭什么”中和掉之后，我们便可以向对方提供定价理由。紧接着，我们便能通过上旋来指出产品值得这个价格，从而抵消问题中的敌意。

Salesforce是一家客户关系管理软件服务提供商，其创始人、董事长兼首席执行官马克·贝尼奥夫以277亿美元的价格，收购了视频会议与协作平台Slack。

本书在前文讲述过，来自消费者新闻与商业频道的“名嘴”、《疯狂的金钱》（*Mad Money*）栏目主持人吉姆·克莱默曾试图激怒Lucid公司的首席执行官彼得·罗林森。如今，吉姆·克莱默又将枪口对准了马克·贝尼奥夫。当贝尼奥夫出现在节目中时，克莱默以他特有的方式提出了关于“你们为何以如此之高的价格收购Slack”的尖锐问题：

> 好吧，我知道你的交易风格！我听了多名分析师的看法，有些人说这笔交易实属大手笔！还有人说此举是迫不得已，因为你们公司已经没有发展空间了！我手头上有一些来自分析师的原话，其中一位是这么说的……

克莱默举起一沓文件，并读起最上面的那份文稿：

> Salesforce公司不得不这么做！此次收购的时机十分微妙……

克莱默大手一挥，将这份文稿甩到身后，开始读下一份。他表现得如同一位正在激动地宣布达阵的橄榄球播音员：

微软的办公协作软件 Teams 已经赢了！这家伙一直这么说。我听说，这笔交易太大了！过去的两笔大交易如何了？

贝尼奥夫通过去掉程度副词“太”以及判断性形容词“大”，将对方口中的“大交易”中和成“收购”，并以此来进行缓冲：

毋庸置疑的是，每当你进行一笔收购……

他随之转向了此次收购的目的：

客户正在重构其工作方式。他们正在为他们的客户、员工创建 360 度全方位视图的交流平台，希望能够随时随地开展工作、随时随地与客户沟通。

紧接着，贝尼奥夫又通过上旋向投资者提供了维惠：

仔细观察一下如今的机会就会发现，机会多得简直令人难以置信！首先，销售早已不受地点限制。我的意思是，以前无论是企业对企业（B2B）销售队伍，还是企业对客户（B2C）销售队伍，都无法随时随地联系客户、提供服务，如今却能够做到。

随后，他又通过上旋为收购之举增加了 B 点：

我们的客户表现得如此出色，这与我们的产品从一开始所坚持的构建理念是分不开的。如今，随着 Slack 的加入，它将为我们的所有服务提供不可思议的协作界面……

最后，他在上旋中以“整个企业”的维惠结束作答：

……并为我们整个企业创造新的辉煌。

当克莱默抛出“你们为何以如此之高的价格收购 Slack”的质疑时，马克·贝尼奥夫以“此次收购物超所值”来回应。本书第 8 章中讲述过，同样来自消费者新闻与商业频道的安德鲁·罗斯·索金，曾向 Uber 科技公司首席执行官达拉·科斯罗萨西抛出过一个恰好相反的质疑，即“Uber 的 IPO 定价为何如此之低”。

让我们来看看科斯罗萨西的回应，他以“缓冲”开头：

定价是一门艺术，而不是一门科学……

然后他继续解释了如何根据股票市场状况和股东利益来定价：

因此，我们的确可能存在有待完善之处，但我们认为该价格反映出了真实的市场环境。现在的环境存在太多不确定因素。任何时候，只要市场存在不确定性，投资者就会对投资持犹豫态度。我希望我们的投资者不是仅持有一周的短期投资者，而是持有我们股票长达一年，甚至五年的长期投资者。

随后，科斯罗萨西通过上旋给出 B 点，以定价的真正价值结束了作答：

因此，当我们将市场环境以及公司的长期发展纳入考虑范围后，就会认识到，这种定价是十分合理的。80 亿美元的募资对我们来说足够了，我们完全可以在此基础上实现可观的发展。

虽然在上述两个案例中，一位首席执行官被质疑“收购价格过高”，另一位则被质疑“IPO 定价过低”，但两人都对质疑做出了有效回应。他们不仅阐明了价格合理的理由，还有力重申了自己的决定正确无误。

竞争或差异化

- **问题：**你凭什么认为你们公司能够在这种商业环境中生存下去？
- **缓冲：**我们的竞争方式是……
- **作答：**描述竞争战略、产品创新、战略伙伴关系、客户资源、行业赞誉或所占市场份额。
- **上旋：**我相信我们不仅能展开有力竞争，而且能在市场上获得成功。

接下来，我们将再次探讨奈飞的首席执行官里德·哈斯廷斯在季度财报电话会议上的表现。在面对分析师抛出关于行业巨头华特·迪士尼公司带来竞争威胁的尖锐问题时，哈斯廷斯的每一步回答——缓冲、以“对等原则”作答、上旋，都堪称这些技巧的完美范例。因此，不妨让我们重温一下整个过程。

- **问题：**我想聊一下一个不容忽视但大家又不太愿意探讨的棘手问题，即关于行业竞争环境的问题。显然，华特·迪士尼、康卡斯特、福克斯和英国天空广播公司近来大动作不断。所以，我想听听你对它们将给奈飞带来的影响有何看法。在你看来，它们是否会给奈飞的竞争力带来某些积极或消极的特殊影响？
- **缓冲：**市场上确实出现了许多新的有力竞争者，华特·迪士尼进入市场、HBO 获得额外资金，以及两家大型法国广播公司合并……
- **作答：**这些事情都很正常，也都在预料之中。所以，事实既已如此，我们无法改变。我们将重点放在打造最佳内容、最佳用户界面、最佳推荐机制以及最佳营销策略上。许多年来，我们一直如此……

- **上旋**：……未来将继续如此。

杰森·卡拉卡尼斯（Jason Calacanis）是一位成功的企业家和天使投资人，他总是把竞争格局放在首位。在他对可画（Canva）在线设计平台首席执行官梅拉妮·珀金斯（Melanie Perkins）的采访中，他向珀金斯提问道：

> Adobe 的产品和你们的产品相比，谁更具竞争力？在你看来，你们能否给 Adobe 造成威胁？还是说，他们认为你们的产品所针对的用户类型完全不同？

珀金斯并不打算自以为是地将可画定位成能与行业巨头 Adobe 相抗衡的企业：

> 我不知道，我们只想坚持做自己的事情。例如，为我们社区提供优质服务等。这才是我们团队关注的重心所在。

卡拉卡尼斯对她的外交辞令报以微笑：

> 看来你事先接受了媒体采访培训！

但卡拉卡尼斯仍然希望她能聊一聊公司所面对的竞争问题：

> 那其他竞争对手呢？我知道你们的竞争对手可不少，例如 Figma、Visually 等，但它们都尚未形成一定规模。你认为可画的与众不同之处是什么？

于是，珀金斯直接聊起了公司的差异化：

> 从一开始，我们就致力于解决一个关键的痛点……

紧接着，她讨论了可画在线设计平台如何通过提供低成本的图形设计，来解决日益增长的市场需求。对投资者来说，这是一个必然要探讨的话题。

最后，珀金斯通过上旋至 B 点阐明可画正在不断朝成功迈进来结束作答：

> 可画非常强大，我们社区也令我感到无比震撼。YouTube 上有 15 万个关于可画的视频；Twitter 上也有大量关于可画的文章；人们还在 Facebook 创建了关于可画的小组，参加人数多达数万。可画简直无处不在。

和投资者一样，商界记者们最为关注的通常也是竞争。

在对摩根大通集团董事长兼首席执行官杰米·戴蒙（Jamie Dimon）的采访中，彭博社记者埃德·哈蒙德（Ed Hammond）将竞争作为其第二个问题的重点：

> 你最近和你们集团的银行家说，他们应该对金融技术公司以及其他进入银行业的公司所带来的威胁感到畏惧。这是不是有点失败？

作为多次金融危机的幸存者以及银行业的雄狮，戴蒙并不打算承认这种说法：

> 似乎有一点儿，但我想表达的并不是这个意思。多年之前，我们曾派了满满一飞机的人去参与竞争。实际上，摩根大通本身已经做得很好了……但我们仍需为日益激烈的竞争做好准备。如今，我们已经准备好了。

哈蒙德想要了解更多细节，于是穷追不舍：

你们是如何准备的呢？准备好了意味着什么？意味着你们要去收购什么吗？

戴蒙已经准备好了大量作答细节：

不是的。我们已经有 5 000 家分行了。我们正在……未来几年，我们还将在美国的 48 个州再开设 400 家分行。

最后，戴蒙以上旋至 B 点结束作答：

我们有着极强的竞争力，并对赢得竞争信心十足。

资历或能力

- **问题：**你凭什么认为你能够在没有任何经验的情况下经营好一家上市公司？
- **缓冲：**我的资历包括……
- **作答：**描述在新岗位上能借鉴的先前经验。例如，曾全权管理上市公司的某个部门；曾以上市公司的管理方式管理某家私营企业；董事会成员和其他高管都拥有管理上市公司的经验。
- **上旋：**因此，我相信自己不仅能够胜任这个新的职位，而且能够在我们从私营企业转变为上市公司后，继续带领企业在成功之路上不断迈进。

本书第 8 章中讲述了，当记者对其担任世界贸易组织总干事的资质提出质疑时，恩戈齐・奥孔乔-伊韦阿拉博士如何有效地进行了缓冲。不妨让我们再细看一下她的回答。你会发现，她在缓冲中直接上旋至 B 点：

我希望能获选并能得到支持。因为我认为我拥有足够的资历和领导力，完全能够胜任此份工作。我确信整个非洲都将支持我。

她显然对自己的资历十分自信，甚至都懒得反驳或提供用于反驳的证据。

在拜耳制药集团（Bayer Pharmaceutical Company）首席执行官沃纳·保曼（Werner Baumann）接受彭博电视商业节目《观察》（*Surveillance*）的采访时，联合主播安娜·爱德华兹（Anna Edwards）针对该集团监事会成员的资历提出质疑：

> 你刚才描述了监事会的诸多优势，但监事会是否存在成员缺乏相关专业背景的问题？尤其是在美国农业领域，你刚才也提及在这个领域遇到了困难。我的意思是，新主席的专业背景是会计——属于德国商业背景。你是否认为监事会中需要增加以美国农业领域为专业背景的成员？

保曼并没有针对“是否缺乏相关专业背景”展开讨论，而是进行了缓冲：

> 如果你仔细观察一下我们董事会的构成……

随后，他直接进入论证环节，详细介绍了个别成员曾在普华永道（PwC）、联合国（the United Nations）、强生集团（J&J）和吉利德科学公司（Gilead Sciences）董事会任职的经历。最后，他通过上旋至B点对爱德华兹的质疑进行了反驳：

> 因此，我想说的是，董事会成员的专业背景非常、非常深厚。

前文曾提及标准普尔公司开展过一次关于积极表述的研究，保曼是否熟悉该研究我们不得而知。但他在完整的回答中使用了 4 次程度副词“非常”，并在最后的上旋中又用了两次。

时机

- **问题：**你们为什么花了这么长时间？/你们为什么不等……？
- **缓冲：**我们之所以选择这一时机，是因为……
- **作答：**阐述准备情况、时机或趋势。
- **上旋：**这就是为什么我坚信我们所选择的时机是正确的。

麦克斯·拉夫琴（Max Levchin）是知名在线支付服务商 PayPal 以及其他两家初创公司的联合创始人，其新公司 Affirm Holdings 上市是迟早的事。当他接受消费者新闻与商业频道“Squawk on the Street”栏目的采访时，联合主播摩根·布伦南（Morgan Brennan）向他抛出“Affirm Holdings 为何迟迟没有上市”的问题：

> 我得问问 Affirm Holdings 公司的情况。该公司有上市计划吗？

拉夫琴笑着对上市时机做了解释：

> 你知道的，Affirm Holdings 公司成立距今已有 8 年了。在某些时候，投资者们会暗示你该上市了。所以，Affirm Holdings 未来肯定会上市，但暂时还不急。我认为，一家硅谷公司或者任何一家科技公司，最错误的做法是在估值为 20 亿到 50 亿美元时选择上市。公司的估值一旦超过 50 亿美元，上市之后的股票就会变得更加稳定。一只 20 亿美元、10 亿美元市值的股票所需承担的波动性是相当大的，很可能第二天早上醒来，股价就跌了一半。

最后，拉夫琴在上旋中重申了 B 点，即等待上市才是现今的最佳选择：

> 因此，波动性可能是我们这类公司暂不决定上市的主要原因。

消费者新闻与商业频道的观众中，有不少对新机会十分感兴趣的投资者。相较而言，在以初创企业为重点的 TechCrunch Disrupt 大会上，观众和与会人员对进军市场、尽早上市、尽快发财的渴望更加强烈。

当社交媒体网络公司 Pinterest 的联合创始人兼首席执行官本·希伯尔曼（Ben Silbermann）与 TechCrunch 的资深记者马修·林利（Matthew Lynley）进行炉边谈话时，林利向希伯尔曼抛出“Pinterest 为何迟迟没有上市”的问题：

> 今年，尤其是在 Snap 上市之后，似乎很多公司都在争先恐后地上市。窗口——IPO 窗口已然打开。Pinterest 为何选择等待？为何迟迟不肯上市？

希伯尔曼并不急于上市，而是想先将公司做大做强：

> 我仍然认为，我们应将重心放在努力建立核心广告系统、扩大用户群上。另外，我们一直以来都很幸运，因为有投资者愿意和我们一起走过这段旅程。

最后，希伯尔曼通过上旋给出了暂不上市的理由：

> 当下我们还有很多事情可以做，我们也有足够的资金和平台去做这些事情。所以我们暂时还不想上市，也不想为此承担相应的开销。

事实证明，对希伯尔曼和拉夫琴来说，等待合适时机的确是明智之举。当两家公司分别上市时，Pinterest 首日股价大涨 28%，Affirm Holdings 首日股价大涨 98%。

艾伯乐[①]对人们接种疫苗所给出的建议恰好相反——“切勿等待”。

全球性制药企业辉瑞（Pfizer）的首席执行官艾伯乐在疫情最为严峻时，接受了消费者新闻与商业频道“Squawk Box”栏目的采访。彼时，新冠感染率和死亡率都在飙升，而即将发布的新冠疫苗的有效性和安全性还未经证实。健康科学记者梅格·蒂雷尔（Meg Tirrell）向艾伯乐提出了一个“为何不能再等等”的问题：

> 对于那些可能会说“我打算等上几个月再接种”的人，你有什么想要对他们说的吗？

在艾伯乐看来，等待并非明智之举。

> 我会告诉他们，我希望情况没有那么危急，这样他们就有时间考虑了。但现在的情况十分危急，死亡病例和新增病例数据飙升。因此，我建议他们慎重考虑……

艾伯乐通过上旋至所有人的维惠来结束作答：

> 不幸的是，拒绝接种疫苗的决定不仅会影响你自己的健康和生命，而且还会影响其他人的健康和生命，尤其是你最爱

---

① 艾伯乐自 1993 年进入辉瑞，历任辉瑞首席运营官，辉瑞创新医疗业务、辉瑞全球疫苗业务、肿瘤和消费者保健业务全球总裁。他将带领辉瑞创造奇迹的旅程写入《科学的胜利》（*Moonshot*）一书，目前该书已由湛庐引进，中国财政经济出版社于 2023 年 4 月出版。——编者注

的人……

最后，他又补充了一个具有普适性的 B 点：

相信科学。

增长或展望

- **问题：**你打算如何增加你们企业的营收？
- **缓冲：**我们的发展战略是……
- **作答：**阐述新产品、新市场或新的伙伴关系。
- **上旋：**这便是我对我们能够通过持续吸引新客户、打开新市场来增加营收充满信心的原因。

作为集成软件公司 Talend 的首席执行官，迈克·图申（Mike Tuchen）不仅带领公司成功上市，而且使公司营收实现了曲棍球杆式增长。迈克·图申在摩根大通证券技术大会的演讲中分享了自己的故事。演讲结束后，图申与摩根大通证券的总经理格雷格·麦克道尔（Greg McDowell）进行了一次炉边谈话。麦克道尔问迈克，Talend 公司打算如何继续保持这种成功之势：

正如你所提到的那样，我认为你的故事中最令人印象深刻的部分在于，连续八个季度的加速增长。我想问一下，是什么让你对你们在这个市场上会一直如此顺利地发展下去信心十足？

图申以“顺利地发展下去”的同义词开始缓冲：

如今，这些大趋势……

随即，他向麦克道尔提供了实质性的细节和证据：

大数据和云计算就像一列货运列车，它前进的速度不会放慢。因此，对我们而言，随着我们在这些领域中逐渐成为市场上的佼佼者，成功率在不断上升，交易延迟问题也在不断减少。我们的产品和服务不仅卖得更多，而且卖得更快。因此，我们的销售效率正在大幅提升。

然后，图申通过上旋向投资者提供了维惠：

如今的一切都在告诉我们，不仅这些大趋势将会持续下去……

最后，图申再度通过上旋给出了 B 点：

而且我们的发展势头也将随之持续下去。

麦克道尔的问题旨在探讨 Talend 公司的发展前景，即该公司能否保持其积极势头。此类与增长和展望相关的问题，还有一种消极的提问方式，例如“你怎样确保这种情况不再发生”或者“你如何解决该问题”。

- **问题**：你们上一款产品的发布比预定发布日期足足晚了一个月。我怎么知道下一款产品不会再出现这种情况？
- **缓冲**：我们新产品的生产计划是……
- **作答**：阐述新的检查表、人员、监控、工具或系统。
- **上旋**：我坚信，我们不仅能够按时发布产品，还将确保产品符合标准、功能齐全。

本书第 9 章中讲述了 CD Projekt 公司的联合首席执行官亚当·基辛斯基是如何应对一位投资者所提的三重问题的。这位投资者开门见山地指出最新游戏延迟了3周才发布，并抛出了“我怎么知道这种情况不会再次发生”的问题。

- **问题：**你上次在6月中旬宣布游戏延期发布时，就已经明确说过游戏发布不会再推迟到11月19日以后。我的问题是，此次何以不同？为什么你有信心确保能在12月10日推出这款游戏？
- **缓冲：**现在的情况与之前大不相同……
- **作答：**19日发布也是可行的。但我们认为，这额外的3周时间能使我们准备得更加充分，打造出让大众更加满意的产品。……我们很高兴做了这一决定，并认为此举绝对是明智之举。虽然3周的时间看起来并不长……
- **上旋：**但实际上，从做出决定的那一刻起，我们手头上的时间就增加了一倍。这使我们有充足的时间去解决当前版本存在的技术问题。

突发状况

本书第2章中曾指出，商界受众在做决定之前都会精挑细选、仔细调查。他们想知道，企业是否对潜在的突发状况做了充分考虑。他们通常会问：“如果发生……你将如何应对？”此类问题也被称为“突发状况”类问题。

- **问题：**如果你的某位主要客户转而选择你的竞争对手，你将如何应对？
- **缓冲：**我们的计划是……
- **作答：**阐明客户集中度、新产品或新市场。
- **上旋：**我对我们能够继续保持现有营收水平，甚至实现增长信心十足。

维罗纳制药公司（Verona Pharma）是一家开发呼吸道疾病治疗方法的上市公司。在一次财报电话会议上，该公司宣布其新型雾化药品Ensifentrine

在 ENHANCE 项目的第二阶段试验中取得了积极效果。但是，来自杰弗瑞集团（Jefferies Financial Group）的分析师郑素贞（Suji Jeong）以“如果发生……你们将如何应对”的问题对该试验结果提出质疑：

如果 ENHANCE 项目没有显示出该药品能使病情恶化率降低的作用，你们是否计划展开更多临床试验，以研究该药品对恶化率的影响？

首席执行官戴维·扎卡德利（David Zaccardelli）深知，投资者并不希望听到还需要进行额外的研究，因为这意味着需要投入更多的资金和时间。于是，他迅速对恶化因素进行了详细解释以分散潜在风险：

如你所知，无论是从患者数量还是持续时间来看，ENHANCE 研究都并非以恶化情况为研究目的。……我们将在研究结果出来以后，再确定我们是否想要进行后续研究。

最后，他通过上旋至 B 点来结束作答：

但我们目前并不认为这会对 Ensifentrine 的成功与否产生关键性影响。

“如果发生……你们将如何应对”的另一种形式是“当……时，你们打算怎么做”。在大型二手车零售商 CarMax 的财报电话会议上，来自法国巴黎银行（Exane BNP Paribas）的分析师克里斯·博蒂格利里（Chris Bottiglieri）向首席执行官威廉·纳什（William Nash）提出了这样的问题：

如今的信贷环境十分奇怪，虽然损失降低了，失业率却提高了。如果回到疫情之前的趋势，你觉得信贷结构的变化还会持续吗？

纳什缓冲道：

这很难说。

然后他回答：

这是一个很不稳定的环境，我们一直在试图优化平台。显然，我们现在所处的是一个非常积极的信贷环境。……我想再次强调的是，我们与大量合作伙伴长期保持着稳定关系，无论身处的经济时代是好还是坏，我们都能为客户提供最优质的服务。

最后，他通过上旋至 B 点来结束作答：

我们为业务增长做好了准备。而且，我认为我们平台整体发展得很好。

疑虑

- **问题**：是什么让你夜不能寐？
- **缓冲**：对我来说，最重要的是按期完成生产计划……
- **作答**：描述与增加产能相关的措施、人员安排或检查点等。
- **上旋**：通过这些方式，我相信我们能够按时交货。

在消费者新闻与商业频道的一档财经节目中，杂货配送服务商 Instacart 公司的首席执行官阿波瓦·梅赫塔（Apoorva Mehta）主动提出了“是什么让你夜不能寐”的问题，并给出了答案：

很多人问过我，是什么让我夜不能寐。当某家零售商发展得不够快，无法为顾客提供完善的服务时，我晚上就会睡不着。

然后，他对 Instacart 公司如何帮助零售商实现更快成长进行了阐述：

> 在 Instacart，我们不仅为零售商提供所有的分拣技术、送货技术，还会帮其提升为客户提供服务的能力，无论是在其应用程序上还是在电子商务平台上……

随后，梅赫塔通过上旋为零售商（Instacart 的客户）的客户——消费者提供了维惠：

> 我们旨在帮其提升销售能力、帮其为客户打造与线下并无二致的……

最后，他通过上旋至 B 点结束作答：

> 良好的线上购物体验。

用上旋反击质疑

无论提问者针对你的公司、产品或服务提出何种质疑，如太贵、太便宜、太小、太大、太晚、太早、太轻、太重、太窄、太宽等，你都可以利用上旋来予以反击。但首先，你必须通过缓冲来中和问题中的敌意和负面情绪，并在上旋前提供一个与对方问题中的罗马柱直接相关的实质性答案。

上述案例中的上旋都堪称典范。接下来，我将为大家讲述由一位伟大的沟通者所带来的更加精彩的上旋。

最精彩的上旋

里根在第一任总统任期结束后，又一次参与竞选时，已经 73 岁了。他的对手是来自明尼苏达州的参议员沃尔特·蒙代尔（Walter Mondale），当时年仅 56 岁。当两位候选人在堪萨斯城的市政大礼堂展开总统竞选辩论时，一组记者对他们进行了采访。其中，来自《巴尔的摩太阳报》（*The Baltimore Sun*）的资深记者亨利·特雷维特（Henry Trewhitt）向里根总统提问道：

> 您已经是美国历史上最年长的总统了。一些为您效力的工作人员也说，在最近一次与蒙代尔先生交手后，您感到非常疲惫。我记得当年肯尼迪总统在处理古巴危机时，不得不连续几天熬夜工作。您会怀疑自己应对类似局面的能力吗？

里根迅速用简洁的 4 个字来回答：

> 一点也不。

紧接着，他给出了有史以来最为精彩的上旋：

> 特雷维特先生，我还想告诉你，我不会在此次总统竞选中打年龄牌。我不会出于政治目的，贬低对手年纪太小、缺乏经验。

观众席中爆发出一阵阵笑声，蒙代尔也笑了，他知道自己面对的是一位演讲大师。

你可以效仿上述范例，在问答环节中应用倾听、缓冲、作答等技巧，然后通过上旋给出自己的原因、B 点以及能给观众带来的益处，即他们的维惠。

在实践中，你可以通过使用我在指导客户时所使用的手势来提示自己和同事：将食指指向上方并旋转——上旋。

TIPS

魏斯曼
完美演讲

永远不要在缓冲中进行上旋，缓冲只能用来识别关键议题，中和问题中的敌意或挑战。只有在给出答案后，你才能进行上旋。

IN THE LINE OF FIRE

HOW TO HANDLE TOUGH QUESTIONS... WHEN IT COUNTS

第 15 章

做好问答练习

> 我请你们，念这段台词。
>
> ——莎士比亚《哈姆雷特》

“准备”4 步走

在结束整个问答的循环之前，不妨让我们回顾一下本书第 4 章中所讲述的“准备”四步走。

- **做足研究：**深度了解观众的背景。
- **进行预测：**针对观众可能提出的尖锐问题，列出一份清单。
- **加以提炼：**以问题为出发点，找出关键主题（罗马柱）。
- **确定立场：**围绕关键主题，制定回答策略。

Pluralsight 是一家基于云平台的技术开发和工程管理解决方案的供应商。该公司联合创始人兼首席执行官艾伦·斯科那德（Aaron Skonnard）为 IPO 路演问答环节做准备时，正是按上述四个步骤开展工作的。斯科纳德从高管团队、投资者关系及沟通团队，以及来自摩根士丹利和摩根大通的投资银行家那里征集了大量尖锐问题。从这些问题中，他提炼出了一份简短的清单。但这份清单并非问题清单，而是一份囊括了十几个普遍议题的罗马柱清单，其中一部分为 Pluralsight 所特有。以此为基础，斯科纳德添加了用于定位的简短答案、支持性证据，以及与罗马柱紧密相关的上旋内容。

在图 15-1 中，你可以看到艾伦创建的罗马柱之一——“商业模式”的答案、支持性证据和上旋内容。

罗马柱：商业模式		
答案	支持性证据	维惠 + 上旋
以两大群体为主要收入来源：个人和企业 三款主打产品 价值主张	因高度自动化、低门槛的数字营销，获得了 26% 来自个人的订单 2017 年，79% 的订单来自企业，同比增长 55%	全球各行各业都将走向数字化转型，而 Pluralsight 正是您投资于此的绝佳机会。

图 15-1　摘自 Pluralsight 公司问答环节准备文件

在斯科纳德和首席财务官詹姆斯·巴奇（James Budge）为路演进行排练的过程中，每当遇到与 Pluralsight 商业模式相关的问题时，他们都会扫一眼该文件，从而获得如何作答的简单提示。

Freshworks 是一家提供 SaaS 客户参与解决方案的公司。其创始人兼首席执行官吉里斯·马斯鲁布塔姆（Girish Mathrubootham）在准备 IPO 路演时，曾要求团队以问答的循环为基础，准备一份访谈要点文件。该公司的企业传播高级总监杰恩·冈萨雷斯（Jayne Gonzalez）作为此项任务的负责人，拟定了一份与上述 Pluralsight 公司问答环节准备文件相似的表格。不仅如此，冈萨雷斯还专为媒体采访增加了一列不同的上旋内容——演讲者正需如此为不同观众群体量身定制演讲内容。

在表 15-1 中，你可以观察到 Freshworks 公司是如何针对两个问题提供回答立场的。

表 15-1　Freshworks 公司问答表（摘录）

问题	缓冲	作答	针对投资者的上旋内容	针对媒体的上旋内容
市面上还有许多其他解决方案	Freshworks 的不同之处在于……	多数其他软件在客户支持、销售和营销之间存在隔阂，我们的软件弥合了此类隔阂。	我们对自身的能力充满信心，坚信我们能够把握住在 CX、ITSM、S&M 方面存在的巨大市场机会。	在一个迫切需要全新软件方式的市场中，我们能够提供比竞争对手更加完善的解决方案。
客户选择 Freshworks 的原因	Freshworks 的解决方案能够提供……	我们的客户公司超过 52 000 家，遍布 120 个国家。其中包括 MultiChoice，Klarna，Shopify 以及 TaylorMade 等。	这为我们创造了一个跨越各行各业的多样化收入来源，从而降低了我们的收入风险以及客户集中度。	Freshworks 集现代性、可负担、易使用等优点于一身，想 500 强企业所想、应 500 强企业所需。

随后，马斯鲁布塔姆和首席财务官泰勒·斯洛特（Tyler Sloat）通过邀请团队成员向他们提问的方式来对问答环节进行演练。有了精练简洁的问答表，他们对提示就能一目了然。

通过借鉴公司 Pluralsight 和 Freshworks 公司的做法，你同样可以列出你可能会被问及的尖锐问题，创建类似具有全局性、客观性的问答表，以此来为下一次问答环节做足准备。

你还可以借鉴 Pluralsight 公司和 Freshworks 公司高管团队，以及无数其他公司各级管理层团队的做法，学习他们是如何通过一种名为“言语表达”的特殊技巧，来为其高风险活动进行排练的。

反复练习言语表达

本书第 4 章中讲述过，联邦最高法院大法官的提名人在为确认听证会做准备时，需要接受“审查委员会”的考核。当首席法官约翰·G. 罗伯茨和助理法官塞缪尔·阿利托被提名为联邦最高法院大法官时，他们的顾问雷切尔·布兰德曾给出如下告诫：

> ……他们会通过尖锐问题、极具争论性的问题、令人讨厌的问题，以你能想象到的最恶劣的方式，一遍一遍又一遍地折磨你。

布兰德对“一遍”的 3 次重复是此处的关键。我曾在四部曲中的两本书中，给出过“像正在面对真正的观众那样大声演讲”的建议，这一过程便是“言语表达”。言语表达并不是谈论你的演讲内容，例如：

> 如 PPT 所示，我将会对……展开讨论。

这不是言语表达。谈论演讲内容并不是一种有效的练习方式，这就好比谈论网球对提高发球水平毫无助益。言语表达指的是，你在现场如何面对观众，你在排练时就如何做：

> 欢迎大家！谢谢大家百忙之中抽出时间来参加我们的会议。

在你为问答环节做准备时，言语表达同样重要。就像 Pluralsight 公司和 Freshworks 公司的首席执行官和首席财务官邀请团队成员向他们提问那样，你也可以邀请你们团队的成员或你的同事向你提问。大声作答，一遍又一遍地重复。邀请提问者重复提问，你也重复作答，反复练习这一过程。

问答练习就相当于棒球队春训、百老汇演出预演，以及政治辩论的模拟排练。运动员、演员和政治家为其在各自“舞台”上取得优异表现而进行的练习次数远比你多。待到开幕式、首夜演出之日，或是电视台黄金档之时，他们早已将自己的专业技能演练了无数遍。而你没有这种优势。你作为答疑者参与高风险问答环节的频率要低得多，并且此类事项往往会与其他日常事务交织在一起。

你需要针对缓冲和作答练习言语表达，直至它们变得简洁明了、一语中的。此外，你还需针对上旋内容练习言语表达。

正如本章引语所述，在莎士比亚的名著《哈姆雷特》中，哈姆雷特曾对伶人做出如下指示：

> 我请你们念这段台词。要照我刚才读给你们听的那样，一个字一个字打舌头上很轻快地吐出来；要是你们也像多数伶人一样，只会拉开喉咙嘶叫，那么，我宁愿叫那宣布告示的公差念我这几行词句。

反复练习言语表达。每一次迭代都会使你的想法更加明确、更加清晰。练习得越多，表达就越顺畅。我向我的所有客户都推荐过这一技巧，尤其是那些即将与苛刻的投资者交手的首席执行官和首席财务官。你需要拿出为

IPO 路演做准备的架势，来为问答环节做准备。

PLX Technology 公司是一家集成电路制造公司。几年前，其首席执行官迈克・萨拉玛（Mike Salameh）为 IPO 路演做准备时，我给他做过培训。在整个培训过程中，尤其是在问答环节，我都强调了言语表达的重要性。萨拉玛认真听取了我的建议，路演和发行都进展得十分顺利，公司也成功上市了。

当萨拉玛在 3 个月后联系我时，他听起来有些苦恼。彼时，他刚刚举办了公司的第一次季度财报电话会议，并在会上宣布了一些喜人的成果。然而，由于他对分析师的几个问题未能予以妥善应对，导致公司股价在电话会议后有所下跌。于是，我问他问题出在何处。他说他也不清楚，因为他用上了我教他的所有技能，并使用闪卡对言语表达做了大量练习。

这正是问题所在。闪卡上的问题句式完整、具体直接，不具备观众口头提问时的随机性。这与我在第 4 章关于问题清单的观点相同：观众并不会按照问题清单列表从上往下提问，而是会以冗长、随机、非线性的方式提问。如果你没有练习过实时倾听非结构化的讲话并破译其中的罗马柱，就会被对方漫无边际的讲话给绕进去，故而在作答时毫无头绪、磕磕绊绊。但如果你早已提炼过问题，便能在对方的漫谈中找出罗马柱，并用你早已准备好的谈话要点给出回应。看看前文艾伦・斯科那德绘制的问答环节准备文件是多么的简洁（见图 15-1）。

在接下来的财报电话会议之前，迈克・萨拉玛与首席财务官斯科特・吉布森（Scott Gibson）和销售副总裁迈克・霍普伍德（Mike Hopwood）进行了几次模拟会议。他们互相问了一些即兴而发、漫无边际的问题，并改进了彼此的回答内容和作答方式。此后所有财报电话会议的进展都顺利得多。

在准备问答环节时，你可以邀请团队成员或同事以即兴漫谈的方式向你提棘手问题。这并不难，多数人都能无师自通。你需要通过这种方式来练习倾听和确定罗马柱。简而言之，你既需要熟悉他人口语化的提问方式，又需要掌握以言语表达给出回应。正如雷切尔·布兰德所说，“一遍一遍又一遍”。

将“言语表达”当成为提升网球技能而进行的网前截击练习。

几年前，一家软件公司的首席财务官在为参加行业会议做准备时，我对她进行了指导。该行业会议要求做演讲的企业在一天之内举行 6 场公司推介会。这种形式使众多身为潜在投资者、合作伙伴和客户的与会者有机会认识许多企业。在这 6 场推介会上，演讲者都必须完整地介绍一遍自己的企业，然后邀请观众提问。其中多数问题都源自前文总结的七大普遍议题。

会议结束后，这位首席财务官向我做了反馈。反馈中最为有趣的一点是，下午会议中的问题比上午会议中的问题要少得多，挑战性也要低得多。她将这一差异归因于她在上午会议中“言语表达”的 3 次迭代。当下午会议上的观众观察到她能够以足够肯定的态度给出简洁有力的回应时，他们便不再向她抛出尖锐问题。

与潜在投资者、合作伙伴和客户不同，议员们在抛出尖锐问题时可不会手下留情。当谷歌首席执行官桑达尔·皮查伊（Sundar Pichai）接受众议院司法委员会质询时，他充分意识到了这一点。他在加州和华盛顿曾举办多场模拟听证会，以确保自己做足了准备。

皮查伊的努力没有白费。《华盛顿邮报》报道称：

> ……在周二面对近4个小时含混不清的问题和党派争论之后，谷歌首席执行官桑达尔·皮查伊从他首次向国会作证的经历中全身而退、毫发无损。

你可能既不是一位准备在国会作证的首席执行官，也不是一位准备参加行业会议的首席财务官，但你在问答环节的表现对你的事业而言同样重要。你的公司可以像谷歌那样出类拔萃，你也可以像皮查伊那样沉着自信地给出令人信服的答案，但如果你未能妥善应对来自观众的质询，你或将面临“信誉”遭创的问题。

在下一章中，我们将以一位战争大师为榜样，总结本书讲述的所有技巧。

TIPS

魏斯曼
完美演讲

列出你可能会被问及的尖锐问题，创建类似具有全局性、客观性的问答表，为下一次问答环节做足准备。反复练习言语表达，练习得越多，表达就越顺畅。

IN THE LINE OF FIRE

HOW TO HANDLE TOUGH QUESTIONS... WHEN IT COUNTS

第 16 章

在问答的火线大获全胜

> 我们将通过一切方式推进战线，无论是从侧面、正面、上面，还是下面！
>
> ——诺曼·施瓦茨科普夫（Norman Schwarzkopf）将军

正如父母很难判断自己最喜欢哪个孩子那样，作家也很难判断自己最喜欢哪部作品，教练也很难判断自己最喜欢哪项技术。但在本书讲述的所有技巧中，能够在控制局面上发挥最大作用的非“缓冲”莫属。在第 8 章中，我将“缓冲”与武术进行了类比，因为两者都是为了“以柔克刚”而非“以力制力”。重申第 8 章引语中孙武的话，即：

不战而屈人之兵，善之善者也。

在近 2 500 年后，身处一场激烈战事中的另一位将军虽然选择了以武力来对抗敌军，但他在面对媒体时仍以最高级的缓冲形式，为我们上了一堂生动的大师课。最高级的缓冲形式是仅包含关键词，而不采用任何转述或双重缓冲来争取更多思考时间。不仅如此，这位将军在倾听、作答和上旋等技巧上的做法，同样值得我们效仿。

“沙漠风暴行动”总司令的记者招待会

1991 年，在持续了 43 天的海湾战争中，诺曼 · 施瓦茨科普夫将军在沙特阿拉伯利雅得的“沙漠风暴行动”新闻发布厅召开了约 6 次记者招待会，每次会议都十分简短。尽管曝光率极低，但“暴风诺曼”(Stormin' Norman) 的美誉还是不胫而走，很快便举世皆知。施瓦茨科普夫将军之所以引起了世人的高度关注，正是由于在这些记者招待会上，面对世界各大电视台的直播镜头、面对来自各方记者的尖锐问题，他依然能够完完全全地掌控局面。他的种种应对之策与本书所述的技巧如出一辙，这也正是我们以他为“终极榜样”的原因 (见图 16-1)。

图 16-1　诺曼 · 施瓦茨科普夫将军

1991 年 2 月 24 日的记者招待会尤为突出。彼时，盟军已经实施了近一个月的空袭，正在开展大规模的地面进攻。施瓦茨科普夫将军出席了记者招待会，向记者们描述了第一天的进攻情况。

他在会议开始时宣读了一份简短的开场综述，并总结道：

> 到目前为止，我方进攻非常顺利，打得十分漂亮。但我必须诚实地提醒各位，这只是初期情况。毕竟现在距开始进攻才刚满12个小时，战争离结束还早。

然后，施瓦茨科普夫将军摘下眼镜，看着台下满屋子的记者说道：

> 我事先准备好的内容已经讲完了，现在可以回答几个问题。

事实上，整个问答环节只持续了2分48秒，但施瓦茨科普夫将军回答了10个问题。此举正是你在会议中需要效仿的：掌控时间。施瓦茨科普夫将军一开始就设定了观众的期望值，你也应当如此。在宣布进入问答环节时，你既可以说你没有时间回答太多问题，也可以说你的时间十分充裕，大家可以尽情提问。无论选择何种方式，你都应提前讲明。施瓦茨科普夫将军不仅事先讲明了，而且照做了。在最后几个问题时，他甚至通过倒数提问机会的方式来掌控时间。

不妨让我们从头开始探讨。当施瓦茨科普夫将军宣布进入问答环节后，第一位记者问道：

> 您能否告诉我们，根据您目前掌握的情况，如果一切按计划进行，这场战争会持续多久？到目前为止，敌方的抵抗甚为微弱，您认为原因是什么？

这是个双重问题："持续多久"和"为何抵抗微弱"。如果你面对的是双重问题，你只需选择其中之一，对该问题进行缓冲、予以作答，并在答完之后说"你还有另外一个问题"。施瓦茨科普夫将军对记住这两个问题胸有成竹，因此他以“首先……”给出了即将回答两个问题的承诺。

首先，我想说，敌方到目前为止抵抗如此微弱，可能是由于我方部队的战前准备工作做得十分出色。至于你的第二个问题，我无法判断这将持续多久……

“我无法判断这将持续多久”意味着施瓦茨科普夫将军无意对战争持续时间做任何预测。他只做了如下声明：

这么说吧，战争将持续至伊拉克从科威特撤军，联合国的决议得以执行为止。

“……伊拉克从科威特撤军，联合国的决议得以执行”便是施瓦茨科普夫将军在上旋中所提供的 B 点。

如果在你做完商业演讲陈述后，有人问你：“你们这款产品的下一个版本还需多久才能发布？”你完全可以以“时间”为罗马柱来进行缓冲：

现在还无法确定需要多久……

在通过坦率作答赢得上旋的权利后，你便可以指出：

但我可以向你保证，这款产品的下一个版本将与我们其他产品同样优质，同样能为我们的客户带来丰厚的利润。

这便是你应提供的 B 点和对方的维惠。抓住这个机会！

施瓦茨科普夫将军随后邀请了下一位记者，该记者问道：

有报道称现在局势尚不明朗。您能否向我们透露一下，科威特城内有我方军队吗？有报道称科威特居民在城市上空发现了一些伞兵。

该问题的罗马柱涉及机密性极高的战略信息，在面向包括伊拉克情报部门在内的电视观众时，施瓦茨科普夫将军不可能透露此类信息。在商业领域中，包含问答环节的会议，往往都会有竞争对手坐在观众席中。任何商界人士都没有义务透露商业战略信息，军事发言人同样没有义务透露军事战略信息。施瓦茨科普夫将军以直接拒绝表明了自己的立场：

我不会讨论任何与军力部署相关的问题。

施瓦茨科普夫将军转而邀请另一位记者提问。这名记者问道：

将军，美军或盟军部队是否遇到过生化武器？

该问题的关键词是“生化武器”，施瓦茨科普夫将军将其作为缓冲纳入回答中：

刚开始我们的确掌握了一些与生化武器相关的情报。但目前来看，这些情报并不属实。迄今为止，我们尚未发现敌方使用过生化武器。

正如科林·鲍威尔那样，施瓦茨科普夫将军同样是直接以关键词进行缓冲。并且，在整个问答环节中，施瓦茨科普夫将军既没有采用“你想知道我方部队是否遇到过生化武器”之类的双重缓冲，也没有采用“关于我方部队是否遇到过生化武器这一问题”之类的转述。在他所回答的 10 个问题中，他仅以关键词进行了缓冲，并迅速完成作答。请记住，“关键词缓冲”无法为你赢得思考时间。但若使用得当，你的迅速回应将使你显得胸有成竹、掌控力十足。

接下来的记者问道：

您认为现阶段的局势是比您预期的要更好，还是差不多，还是稍微差一点？

“……要更好，还是差不多，还是稍微差一点？”这是一个有着三重选项的选择疑问句。作为上旋高手，施瓦茨科普夫将军迅速占领了高地：

到目前为止，我们对战役取得的进展十分满意。

再接下来的记者吞吞吐吐地提了一个令人费解的问题。记住，你的观众中很可能也会有人如此行事：

有一个例外……呃……呃……您说……敌方的抵抗十分微弱。您能提供一些细节……

记者话还没说完，施瓦茨科普夫将军就反问道：

……关于例外情况的细节吗？

在继续阅读施瓦茨科普夫将军的回答前，请思考一下。具体来说，这名记者究竟想知道什么？你可以将你的答案写在本页预留的空白处。

记者希望施瓦茨科普夫将军能够提供双方激烈交火的细节，这便是记者口中的“例外”。你答对了吗？施瓦茨科普夫将军完全理解了记者的意思。以下是他的回答：

大约两小时前，海军陆战队的一支特遣部队遭到了敌人装甲部队的反击。这支特遣部队立即以大炮、反坦克武器应战。我们还派出了空军支援，成功将其击退。在这场战役中，我们的确损失了几辆坦克，但我无法告诉你具体数量。

“我无法告诉你具体数量。”换句话说，将军并没有向记者提供她想知道的具体细节。他的整个回答都是在上旋。

“大约还剩两次提问机会。”他开始倒数，作答也随之变得更加简短。不仅如此，他还拒绝回答跟进式问题。在商业会议的问答环节中，你没有此项特权。下一位记者问道：

敌方抵抗微弱是因为伊拉克人在撤退，还是因为他们根本不与你们交火，亦或是因为他们是在投降？他们到底在做什么？

施瓦茨科普夫将军的回答简洁明了：

上述情况都有。

下一位记者问道：

您说敌方抵抗微弱。这是因为你们避免了与他们正面交火，还是因为你们从侧面或空中避开了敌方的火力，所以才没有遇到激烈抵抗？

施瓦茨科普夫将军回答道：

我们将通过一切方式推进战线，无论是从侧面、正面、上面，还是下面！

这名记者尝试着问了一个跟进式问题：

> 将军，你们是避开了敌方的火力吗？这是你们没有遇到激烈抵抗的原因吗？

施瓦茨科普夫将军没有理会他，转而抽取了另一位记者提问：

> 再来一个问题。

这名记者问道：

> 将军，你们遇到伊拉克共和国卫队了吗？

施瓦茨科普夫将军简短有力地答道：

> 遇到过一些。

这名记者也尝试着问了一个跟进式问题：

> 他们的抵抗如何？

施瓦茨科普夫将军也没有理会这个跟进式问题，转而抽取了另一名记者：

> 最后一个问题。

最后一个问题来自一位穿着条纹衬衫的记者：

> 将军，您会追击伊拉克士兵至伊拉克境内，还是会在科威特和伊拉克的边境停下来？

施瓦茨科普夫将军直视着这名记者说道：

我不打算回答这个问题。我们将不惜一切代价追击他们，使他们离开科威特。

随即，施瓦茨科普夫将军在演讲台上拍了拍手掌，转身往外走，边走边说：

非常感谢各位。

这时，一位记者在他身后喊到：

将军，我们什么时候能再见到您？明天6点可以吗？

施瓦茨科普夫将军没有回答。他留下了此次记者招待会上的最后一句话，这句话在整个新闻发布厅以及全球数以百万计的电视屏幕上回响着：

我们将不惜一切代价追击他们，使他们离开科威特。

这正是他通过上旋给出的B点。

从掌控问答局面的角度来说，施瓦茨科普夫将军拥有一些特权，此类特权是你和大多数商界人士并不享有的。在记者招待会上，记者们是恳求方，而将军则是他们恳求的对象。而在你所主持的问答环节中，情况恰恰相反：你是恳求方，观众是你试图说服的对象。施瓦茨科普夫将军掌握的大部分信息都属于军事机密，你掌握的大部分商业信息则必须尽量做到开诚布公。每名记者都渴望得到的维惠是新闻，但施瓦茨科普夫将军没有满足记者和媒体所需的义务；而你有义务尽可能向你的受众提供更多维惠。

尽管如此，施瓦茨科普夫将军的作答方式仍堪称本书所有技巧的完美典范。

在问答环节掌控局面

为了进一步总结本书所讲的内容，图 16-2 以两个简单的三角形表示了传统问答场景中的动态。图中向下的黑色三角形表示的是某个具有挑战性的问题，它像一个向你呼啸而来的飞镖。大多数演讲者都是以结果为导向的，因此他们会急于作答。图中向下的白色三角形代表的正是这种作答方式。

为了在问答环节掌控局面，你需要以倾听来确定黑色三角形（即“问题”）中的罗马柱，然后插入两个向上的灰色三角形（见图 16-3）。

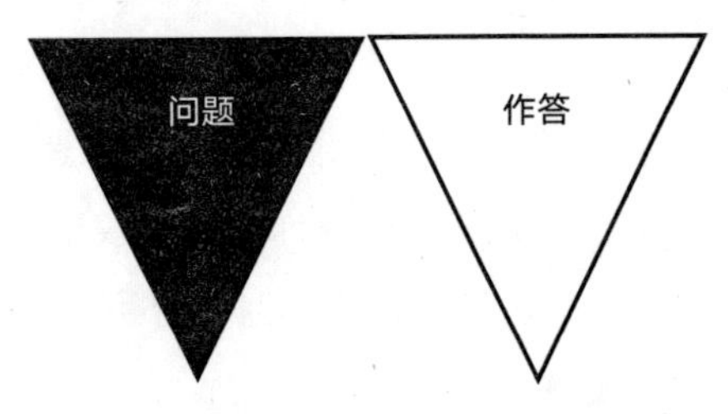

图 16-2　传统型问答动态

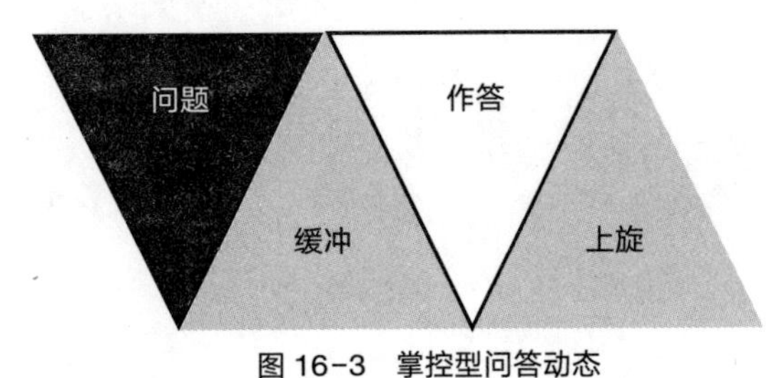

图 16-3　掌控型问答动态

第一个灰色三角形是由罗马柱中的关键词构成的缓冲；第二个灰色三角形，既是答案的支撑，也是你通过上旋给出的B点以及向观众提供的维惠。你需要通过这些向上的推力来控制双方交流的动态。并且，在这两个三角形之间，你必须提供一份“对等”的答案或者拒绝作答的正当理由。

制胜的步骤如下：

- 以积极倾听的方式识别罗马柱
- 以关键词缓冲来中和问题中的敌意或挑战
- 以“对等原则”为指导，提供具有支持性证据的答案
- 抛出B点和（或）维惠

掌握上述所有技巧并非易事，因为这些技巧是违反人类自然本能、有悖商界传统做法的一套全新技能。它给你带来了双重挑战：既要克服本能，又要习得新技能。然而，你的努力也将得到双份回报：不仅能在问答的火线上站稳脚跟，还能大获全胜。

最后一句话，正是我通过上旋为你提供的维惠。祝你好运！

TIPS

魏斯曼
完美演讲

掌握以下制胜技巧，它会让你面临既要克服本能、又要习得新技能的挑战，然而，你的努力会给你双份回报，它将让你在问答的火线上站稳脚跟，还能让你大获全胜。

- 以积极倾听的方式来识别罗马柱
- 以关键词缓冲来中和问题中的敌意或挑战
- 以“对等原则”为指导，提供具有支持性证据的答案
- 抛出 B 点和（或）维惠

未来，属于终身学习者

我们正在亲历前所未有的变革——互联网改变了信息传递的方式，指数级技术快速发展并颠覆商业世界，人工智能正在侵占越来越多的人类领地。

面对这些变化，我们需要问自己：未来需要什么样的人才？

答案是，成为终身学习者。终身学习意味着永不停歇地追求全面的知识结构、强大的逻辑思考能力和敏锐的感知力。这是一种能够在不断变化中随时重建、更新认知体系的能力。阅读，无疑是帮助我们提高这种能力的最佳途径。

在充满不确定性的时代，答案并不总是简单地出现在书本之中。“读万卷书”不仅要亲自阅读、广泛阅读，也需要我们深入探索好书的内部世界，让知识不再局限于书本之中。

湛庐阅读 App：与最聪明的人共同进化

我们现在推出全新的湛庐阅读 App，它将成为您在书本之外，践行终身学习的场所。

- 不用考虑“读什么”。这里汇集了湛庐所有纸质书、电子书、有声书和各种阅读服务。
- 可以学习“怎么读”。我们提供包括课程、精读班和讲书在内的全方位阅读解决方案。
- 谁来领读？您能最先了解到作者、译者、专家等大咖的前沿洞见，他们是高质量思想的源泉。
- 与谁共读？您将加入优秀的读者和终身学习者的行列，他们对阅读和学习具有持久的热情和源源不断的动力。

在湛庐阅读 App 首页，编辑为您精选了经典书目和优质音视频内容，每天早、中、晚更新，满足您不间断的阅读需求。

【特别专题】【主题书单】【人物特写】等原创专栏，提供专业、深度的解读和选书参考，回应社会议题，是您了解湛庐近千位重要作者思想的独家渠道。

在每本图书的详情页，您将通过深度导读栏目【专家视点】【深度访谈】和【书评】读懂、读透一本好书。

通过这个不设限的学习平台，您在任何时间、任何地点都能获得有价值的思想，并通过阅读实现终身学习。我们邀您共建一个与最聪明的人共同进化的社区，使其成为先进思想交汇的聚集地，这正是我们的使命和价值所在。

图书在版编目（CIP）数据

魏斯曼的演讲大师课. ②，答的艺术 / （美）杰瑞·魏斯曼（Jerry Weissman）著 ; 徐烨华译. -- 3 版. 杭州 : 浙江教育出版社，2024. 6. -- ISBN 978-7-5722-7999-7

Ⅰ. H019

中国国家版本馆CIP数据核字第202420UR87号

浙江省版权局
著作权合同登记号
图字:11-2024-234号

上架指导：演讲 / 商务沟通

魏斯曼的演讲大师课②：答的艺术（第3版）

WEISIMAN DE YANJIANG DASHIKE 2 : DA DE YISHU (DI 3 BAN)

[美] 杰瑞·魏斯曼　著

徐烨华　译

责任编辑： 陈　煜

美术编辑： 韩　波

责任校对： 胡凯莉

责任印务： 陈　沁

封面设计： 湛庐文化

出版发行： 浙江教育出版社（杭州市环城北路 177 号）

印　　刷： 石家庄继文印刷有限公司

开　　本： 720mm × 965mm 1/16

印　　张： 17.75　　**字　　数：** 234 千字

版　　次： 2024 年 6 月第 1 版　　**印　　次：** 2024 年 6 月第 1 次印刷

书　　号： ISBN 978-7-5722-7999-7　　**定　　价：** 99.90 元
